U0469147

The Emotional Lives of Teenagers

青春期情绪密码

[美] 丽莎 · 达穆尔 Lisa Damour 著　钟煜 译

CNS | 湖南教育出版社

· 长沙 ·

送给*D*，我的另一半

我认为，青少年在相当长的时间内行为不一致和不可预测是正常的：他们对抗自己的冲动，又接受它们……爱父母，又恨他们……反抗父母，又依赖他们……变得更加理想主义、艺术、慷慨、无私；但也相反，也以自我为中心、自负、精于算计。这种极端对立之间的波动，在生命中的任何其他时候都会被认为是高度不正常的。而在这段时间，它们仅仅意味着一个成年人的人格结构需要很长时间才能形成。

——安娜·弗洛伊德

当孩子们发现他们的感情是人类体验的正常组成部分，这对他们来说是一种深深的安慰。

——海姆·吉诺特

各方赞誉

如果你像大多数父母一样，发现自己被孩子难以捉摸的情绪困扰或疏远，请立即将这本书放到你的阅读书单上。这会让你自己放松，你的孩子也会因此感谢你，因为你会成为一个有能力、有信心的父母，他们希望，也需要依赖你。

——米歇尔·伊卡德（Michelle Icard）

《青春期关键对话》作者

这本书提供了一个关键的框架，帮助我们了解青少年，以及他们的情绪和行为。我太爱它了。达穆尔为我们提供了知识、语言和实用建议，让我们能够和青少年保持沟通，成为他们需要的父母，帮助他们成为快乐、健康和完整的自己。

——蒂娜·佩恩·布莱森(Tina Payne Bryson)

《全脑教养法》合著者

《青春期情绪密码》写得清晰、实用、温暖，丽莎·达穆尔解释了为什么强烈的情绪——包括消极的情绪——是青少年发展的关键部分，以及我们如何帮助年轻人理解和拥抱人类的全部情感。我给这本书最高推荐！

——安杰拉·达克沃思（Angela Duckworth）

《坚毅》作者，性格实验室的联合创始人

这本书我怎么推荐都不为过。达穆尔给父母提供了实用的、可操作的、有研究支持的建议，确保青少年发展出帮助他们自己茁壮成长的情感技能。

——马克·布拉克特（Marc Brackett）

耶鲁大学情商研究中心主任，《释放情感的力量》作者

丽莎·达穆尔是一位严谨出色的思考者，她从研究和临床实践中汲取了丰富的经验，帮助成年人了解青少年。达穆尔惊人的洞察力和她清晰的表达能力，使她成为那些想要理解青少年情绪的人的完美向导。

——理查德·韦斯布尔德（Richard Weissbourd）

《我们想要成为的父母》作者

我们应该如何让我们的孩子度过这些令人生畏的岁月？关于这个主题的书籍数不胜数，但《青春期情绪密码》是我希望我在战壕里时拥有的细致入微、富有同情心的书。

——朱迪思·纽曼（Judith Newman）

《纽约时报书评》编辑

在《青春期情绪密码》一书中，丽莎·达穆尔运用她强大的智慧，数十年的临床经验和深刻的同情心来解决我们这个时代最基本的问题之一：成年人如何最好地支持青少年的心理健康？达穆尔为理解青少年的情绪提供了一个新的、必要的框架，她向父母、老师、教练和导师提供他们需要的剧本，帮助青少年感到被倾听、心理健康和人格完整。

——珠儿（Jewel）

歌手、词曲作者和心理健康倡导者

在人工智能不断推陈出新，并有可能超越人类智力极限的时代，“情绪”可能是维系人类自尊的最后一道防线——与超级理性和注重逻辑的电脑程序相比，至少人类还有不确定且“负面”的情绪是目前AI无法达成的。也许这是人类第一次为自己不确定的、不稳定的情绪状态而感到骄傲。而青春期的青少年最擅长的也许就是不确定和不稳定的情绪，这些不稳定是如此地“稳定”，以致被精神科医生们诊断为“情绪障碍”。

而我们这个时代也许就像本书作者所说的那样，“人类必须一直感觉良好，才是心理健康”的观念推动了以各种“治疗”情绪的药物和非药物疗法产业的发展，这是一个超越娱乐行业的巨大产业。

如何科学地理解青春期的情绪，以恰如其分的方式去帮助青少年？这本书站在时代和临床的视角给予了令人深受启发的答案，我想这正是父母、教师和心理咨询师们需要了解的。

——徐凯文

临床心理学博士，精神科医师，大儒心理创始人

情绪的价值并不在于稳定，而是情绪能告诉我们很多信息。所以，了解青少年的情绪，是处理好亲子关系的关键步骤。

——沈奕斐

复旦大学社会学系副教授，B站宝藏教授

本书从一个个真实的故事出发，引出一系列关于青少年

的心理学研究，并给出了大量处理青春期孩子的情绪、建立与他们良好关系的实用方法，是既讲科学，又讲实操，并且可读性很强的好书。

——赵昱鲲

清华大学积极心理学研究中心主任助理

青春期孩子的情绪像“暴风疾雨”一样强烈、起伏不定。如何陪伴你的孩子度过青春期的情绪波动？如何让孩子一步步学会表达感受，管理情绪？这不仅关系到孩子在青春期阶段能否蓬勃成长，也关系到孩子成年之后的情绪处理模式和心理健康状态。

《青春期情绪密码》为青春期孩子的家长提供了宝贵的视角，为家长扫除了情绪认知误区，给出了一系列科学严谨、丰富实用又启发人心的心理学理念、案例和方法。

更令人惊喜的是，这本书的可读性很强，不仅得益于作者深入浅出的写作风格，也得益于译者流畅的翻译。

——陈祉妍

中国科学院心理研究所教授，国民心理健康评估发展中心负责人

青少年父母最重要的任务是什么？不是跟孩子一套一套讲道理，也不是天天参与到孩子的功课中。青少年父母最重要的任务是关注、理解孩子的情绪，及时帮助孩子疏导情绪，让孩子重获对情绪的控制。

父母想要青春期孩子顺利完成学业、心理健康地长大，教会孩子面对情绪是至关重要的。在这本书中，达穆尔做了

很好的青少年情绪科普，观点令人醍醐灌顶，也有丰富的实用案例和实操方法。相信你的青春期孩子，会感谢你读过这本书，会感谢你对他情绪的理解和关注。

——陈默

华东师范大学心理健康教育与咨询中心特聘督导

丽莎·达穆尔是一位非常专业、有观察力、对青少年充满关爱的作者。读这本书时，我屡次被达穆尔新颖又引人思考的观点击中内心，也因她对青少年的理解而深深地感动。

《青春期情绪密码》纠正了对青少年情绪认知的三个误区，深层剖析了青少年情绪产生的生理和心理原因，最后给出家长引导青少年科学健康管理情绪的方法。

这本书能让你放下成见，重新去认识你处于青春期的孩子，走出与孩子对抗的困局。在孩子面对自己强烈的情绪而不知所措时，作为父母的我们能帮助孩子找到健康的情绪表达和管理方法。

——李一诺

一土教育联合创始人

情绪，“我”和/或“我的孩子”病了吗？

“焦虑”“抑郁”究竟是疾病的状态，还是对现实的正常反应？

许多父母和青少年陷入了这样的逻辑，即心情不好是件很严重的事，并且大多数情况可能是疾病！？大家对普通逆境感到过度恐惧，于是开始吃药、看医生、找培训机构。作为一名医生，我深知滥用药物或者过度治疗对青少年发育中的大脑带来的危害。生而为人，我们是不是应该适当地承受苦难，并且用自己的方法去化解痛苦？所谓的心理健康并不是指时时刻刻都感觉良好，而是指对当下的情境有恰当的感受，并且能有效地管理这些感受。

情绪的大起大落，确实是青春期的特点，但不能够称之为缺点。我们可以利用这些特点创造更美好的青春与人生。如何揭开青春期的密码，识别并管理这些情绪，希望大家都能在这本书中找到答案。

——黄翔

复旦大学附属华山医院脑外科医生，《加油吧，大脑！》作者

青少年成长是很不容易的事，青春期烦恼焦虑增多、同学间的社交变复杂、和父母的沟通出现隔阂……当这一切到来，很多家长感受到巨大的挑战。

丽莎·达穆尔是一位有卓越智慧和洞察力的心理学家，她帮助我们理解青少年的情绪和行为，以及我们如何向情绪激烈又混乱的青少年伸出援手。这本书会给青少年家长醍醐灌顶的启发。

——郝景芳

雨果奖得主，童行书院创始人

这是一本非常精准又利落的书。

如果你希望能充分了解你家青春期孩子，这本书的内容可以帮到很多。其实，只要读完第一章，就能避免家长最常

见的三个错误认知。不使用错误的方式来对待孩子，是青春期保持亲子关系的最大秘诀。从第二章开始，作者又全面介绍了男孩和女孩不同的情绪表现和机制、青春期少年那些让家长头疼的问题背后的心理原因，可以帮助家长做到知己知彼，百“战”不殆。书中尤其强调了家长应该如何帮助孩子接受、表达和控制自己的情绪。要知道，在成年人的社会中，情绪稳定的人是珍贵的稀缺资源，家长在孩子青春期的养育策略和方法，将决定孩子一生的幸福。

——姜振宇

司法心理专家，《每个叛逆的孩子，都只是想长大》作者

抑郁、失眠、迷茫困扰着很多青少年，有些孩子沉迷网络、拒绝上学甚至伤害自己……如何理解青春期孩子？如何建立与青少年的良好沟通？如何帮助青少年应对情绪？

丽莎·达穆尔以专业、同情的笔触为父母支招，澄清了害怕“负面”情绪的认识误区，提倡以“无畏的眼光”看待青少年情绪，并分享了行之有效的方法。

——彭小华

关系—交流研究者，《今天，我们怎样做父母》作者

丽莎·达穆尔博士这本书非常及时，崭新的观察和研究成果，令人耳聪目明。近年来，青少年的成长环境有了非常大的变化，给父母和教育者带去了严峻的挑战。这种挑战前所未有，甚至造成了一部分青少年的成长危机，让父母束手无策、几近崩溃。因为研究和应对往往是滞后的，当我们觉

察到的时候，事情已经变得很严重，而解决之道付诸阙如。

丽莎·达穆尔博士这本新书从青少年的“情绪”这个核心词出发，带读者重新理解“情绪”，在社交媒体的时代，理解大脑的演化和发育，针对痛点，力排众议，摆事实讲道理，让读者诸君重新理解究竟何为青春期。这是我近年来所读的，有振聋发聩之感的很少几本书之一，也希望给读者诸君带去帮助。

——蔡朝阳

教育学者，“一席”演讲者

每一种情绪都有正面价值，当“负面”情绪被倾听、看到、接纳，也会转化为成长的力量。成人对青春期孩子共情、支持，将极大地促进亲子关系，使孩子更有能力对生活做出积极的选择，这就是给他们增能赋权。这本书为我们提供了这样的指引。

——方刚

青少年教育专家，作家

对每个孩子来说，青春期都是艰难且危险的。孩子们激烈的情绪背后蕴藏着成长的密码。而为人父母，不仅早已淡忘自己的青春历程，也总难免带着成见和权威感看待孩子。因此亲子之间常常有各种误解，导致冲突升级，或彼此渐行渐远，心门紧锁。

如何才能稳稳接住青春期孩子的情绪，更好地为他们保驾护航？作为青少年心理专家，本书作者丽莎·达穆尔提供了最新的专业研究数据和咨询案例，刷新了我们对青春期情绪的认知。作为一个母亲，她对孩子与父母双方都充满理解与共情，时时回到家庭生活的日常场景，为父母们提供了足够多的沟通策略。

这是一本充满爱意、温暖实用且当下亟须的书，愿每一位家有青春期孩子的父母都能读到。

——粲然

亲子作家，三五锄教育创始人

关于青春期的主流观点正在发生变化：青春期不再被认为是一个粗糙的半成品，一个只会带来尴尬、麻烦与困惑的人生阶段，而是一个高度功能化的阶段，你甚至可以把它视为某种进化的策略——当一个人即将从家庭的安全环境进入一个更复杂的世界时，大脑已经做好了准备，鼓励他对这个世界产生兴奋感和好奇心，驱使他去探索、冒险，寻找自己在这个世界上的位置。

作为父母，《青春期情绪密码》给我的启发很有实践性，作者很懂得青少年是怎么想的，也知道应该如何与他们对话，并提出有效的应对方式。

——陈赛

三联《少年》主编

强烈的情绪是青春期孩子的特点，而不是缺点；父母对孩子最大的帮助就是我们一起认识到情绪都是合理的，是心理健康的表现……这本书充满了新知，想帮助孩子度过关键而艰难的青春期的家长，都需要读这本书。

——三川玲

童书妈妈三川玲创始人

在青春期的情绪洪流到来之前，这本书就像一本秘籍。它告诉我们，无论是什么样的父母，都可以用平静的力量去面对青春期的孩子。了解了青春期的大脑是如何“装修”的，你就明白他不是要和你作对，他是真的有点忙。

——李丹阳

年糕妈妈创始人

这本书适合这样两类家长，一类是已经在为青春期孩子的叛逆而束手无策气到不行的。读完这本书会帮助你更好地理解孩子的“情绪”，而不是叛逆的“问题”，书中更给出了一套落地可行、不委屈家长但行之有效的方法。另一类是小学低幼年级（前青春期）的家长朋友们，即使你自认从小学习育儿，亲子关系不错，也非常值得一读。我就是后者，读完后才恍然大悟——下一个阶段的亲子关系又升级了。感恩遇见这本书，我想我已经做好迎接孩子青春期的准备了。

——大 J

大 J 小 D 创始人

感谢丽莎·达穆尔博士写了这样一本书。在奔涌着青春的洋流中，科学的认知和方法能助我们安然度过每一次惊涛骇浪。

面对青少年风暴一样的情绪，我们看到他们的感受，允许和接纳他们，理解、支持和温暖他们。把表达、管理情绪的“秘籍”教给青少年吧，让他们一路海阔天空，扬帆远航。

——李峥嵘

作家，北京市金牌阅读推广人

受自身发育和成长情境的影响，青春期孩子的情绪常常波动比较大。面对孩子的情绪波动，家长需要做的首先要搞明白孩子的情绪源头，并帮助孩子学习掌控情绪。所幸，这本书给出了很多适合家长的超级实用的建议，大家照着做就对了。

——刘称莲

《陪孩子走过小学六年》作者

目　录

Contents

前　言　何为青春期情绪健康　/ i

第1章 Chapter 1　青春期情绪知识 101：走出三大误区　/ 001

误区 1：情感是理智的敌人　/ 006

- 帮助青少年学会信任自己的直觉　/ 009
- 注意：青少年的判断力受情境影响　/ 013

误区 2：负情绪对青少年有害　/ 017

- 不适的情绪能促进成长　/ 020
- 什么情况下要让青少年避开情绪痛苦　/ 025

误区 3：青少年那么容易激动，因此他们非常脆弱　/ 029

- 激动并不意味着脆弱　/ 032
- 什么时候需要得到专业支持　/ 037

第2章 Chapter 2　性别与情感　/ 045

性别差异为什么重要　/ 049

性别规则在孩子很小的时候就已经存在了　/ 052

同理心与攻击性方面的性别差异 / 054
女孩与愤怒 / 059
性别与黑人青少年的成人化 / 062
精神病理学的性别差异 / 065
帮助女孩处理愤怒 / 067
帮助男孩表达感受 / 069
同龄人如何强化性别规则，以及我们该怎么做 / 074
骚扰的根源 / 080
青少年与自尊心 / 084
超越传统的性别区分 / 088

第3章 Chapter 3 巨大震荡：青春期如何为日常生活带来新的情感变化 / 093

正在经历大规模建设的大脑 / 097
为什么你的孩子讨厌你嚼东西的方式 / 102
摩擦加剧，以及如何应对 / 110
青少年爱冒险，如何确保他们的安全 / 116
开启网络生活 / 121
合理利用高科技 / 125
同伴关系，或许与爱情有关，或许无关 / 128
为什么青少年不喜欢学校 / 135

管理情绪，第一步：帮助青少年表达感受 / 141

表达感受的意义 / 147

倾听，认真地倾听很重要 / 150

同理心的作用远超我们的想象 / 152

帮助青少年将情绪具体化 / 155

让青少年敞开心扉 / 158

让青少年来决定交流的规则 / 162

不要错过时机 / 166

父母要承认并修复错误 / 169

重视非语言表达 / 175

识别不健康的情绪表达 / 181

管理情绪，第二步：帮助青少年重获对情绪的控制 / 185

当情绪需要被控制 / 191

转移注意力——情绪调节的重要工具 / 193

微小的快乐，巨大的情绪调节 / 198

认真对待睡眠 / 202

有意识的呼吸——听起来荒谬，但效果很好 / 207

如何给青少年建议 / 210

通过纠正思维来改变感受 / 214

帮助青少年获得一种新的视角 / 220

父母也要管理自己的情绪 / 223

识别有害的情绪控制 / 228

结　语 / 233

致　谢 / 237

作者简介 / 239

译后记 这项伟大的工作，就从此刻开始 / 241

扫码优惠购买配套全本畅听
随时随地收听青春期的情绪管理之道

前言
何为青春期情绪健康

2021 年 6 月，一个我中学时候的朋友打来电话。简单地叙旧之后，她说："其实我是有事儿找你。我非常担心威尔。我可以跟你聊聊吗？"

"当然可以。"我回答说。我想起来，她的儿子威尔应该和我的大女儿一样，马上要上高三了。

"几周前，得知我丈夫的公司要把他调职到西雅图，这个夏末我们就得搬家。威尔对此很不高兴。他喜欢丹佛的学校和这里的朋友，他无法相信，我们会在他要上高三的时候将他从这里'连根拔起'。他情绪非常低落，前几天甚至还掉了眼泪。我不知道怎么劝他，我越来越担心他可能会抑郁。"

"他的情绪是一直低落，还是起起伏伏？"我问。

“起起伏伏。只要不去想搬家的事，他看起来心情就还不错。他有一份喜欢的兼职工作，和朋友一起玩的时候也很开心。但只要提到搬家，他就会变得非常非常悲伤。我不知道怎么办，也不知道我是否应该担心。”

“听着，”我说，“我不认为他有抑郁症。但我们要保持密切联系。如果他的情绪不再起伏不定，而是变得总是很低落，很麻木，或者沉湎于忧伤，你要立刻告诉我。从目前你反馈的情况来看，好像他只是对搬家特别不高兴——这让他觉得难过和愤怒。”

“是的，没错。”朋友回答。

“但我觉得你没必要为此担心。相反，我认为，这些情绪是他心理健康的证明。”

“真的吗？怎么会呢？”

“是这样：本来在丹佛生活得开开心心，却要在上高三之前搬家，他当然会不开心，这是一个非常恰当的反应。实际上，如果威尔对此一点也不觉得难过，我反而会更担心他。”

“听起来也有道理，”我的朋友说，“但我该如何帮助他渡过难关呢？”

“你可以做两件事。首先，让威尔放心，他的反应是正常的。就像看到他难过会让你很不舒服一样，如此痛苦的情绪体验对他来说可能也很难熬。让他知道自己的感受是合理的，这样他就能安心一些。其次，你要试着接受这样的情况：威尔可能会一直不开心，这种状态至少会持续到秋天，直到他在新家安顿下来。与其努力阻止或设法驱散他的不快，不如把注意力集中在帮助他找到办法，管理好自己的负情绪上。”

强烈的情绪是青春期孩子的特点，而不是缺点。这是事实，但却未能被大众理解。尤其是在过去十年，我们对情绪（无论是一般意义上的情绪，还是青春期特有的强烈情感）的讨论和认知都发生了巨大变化。

直言不讳地说，从某个时候起，我们开始害怕“不快乐”。

30 年前，当我作为心理学家获得自己的临床执业许可证时，我正投身于一个培训项目。这个项目全盘接受所有的情感——从最愉快的到最不愉快的感受，认为这些感受是我们生而为人的体验中无法避免且非常重要的部分。

这个培训让我学会了用观察和无畏的眼光来看待青少年情绪的全貌。我一直将心理治疗看作一种合作，我要引导青少年，与他们分享我对他们内心世界的好奇。我们的工作基于一个默认的假设：每一种情绪都是有意义的，无论是那些让他们难受的感觉——愤怒、惊恐、悲伤、担忧，还是其他感觉，都是有原因的，即使原因尚不明确。尽管我会努力帮他们感觉舒服一点，但我们工作的目标并非安慰，而是洞察。当青少年理解了他们的感受及其背后的原因时，他们就能立刻做出以往没有的选择。

在办公室里，我欢迎所有的情绪，哪怕是最令人痛苦或不安的情绪。我从未怀疑过这样做的价值。但在这些年的工作中，一方面，我看着年轻人发现、理解和接受自己的情绪，并由此获得解脱——这是他们最需要的，也是应得的；另一方面，我觉得周围的文化环境正在变化。20 年前，我还能感觉到自己身处一个更广阔的社会，这个社会接受——尽管有些勉强——痛苦的感觉，认为这是生活的一部分。而今天，我要努力搞清楚的是：从什么时候起，不舒服的感受竟被视作一种“若不能预防，就要尽快阻止”的心理状态。

是什么变了？人类生活的一种基本状态从什么时候起变得不被接受了？

我无法指明确切的原因，但我有自己的看法。从我接受培训时开始，有三种趋势逐渐显现，有助于解释我们对心理困扰的态度的转变：有效的精神类药物的扩散，身心健康产业的兴起，以及患有心理障碍的年轻人的数量不断攀升。下面我们来逐一分析。

抗抑郁药物于20世纪50年代就已出现，但直到20世纪80年代百优解上市时才被广泛使用。我相信，百优解和近年来开发的许多其他精神类药物极大地改善了人们的生活，有时甚至挽救了生命。在1987年医生可以开百优解之前，他们使用的是所谓的“第一代”抗抑郁药物。虽然这些药物通常是有效的，但副作用极大，并且一旦过量服用，可能致命（这对于有自杀倾向的病人来说是一个严重问题）。之后，百优解出现了，没过多久，整个“第二代”药物也出现了。这些药物可以消除抑郁，而且副作用很小。这样一来，处方药立刻成了改善情绪的一个低风险选择。

这些药物的兴起并不奇怪。1987年，在接受抑郁症治疗的人中只有37%服用抗抑郁药。到2015年，这个比例已经上升到81%。而在同一时期，因为抑郁症而接受心理治疗的人数下降了20%。是什么推动了这两种趋势的发展？首先，很可能是抗抑郁药物让一些人的症状得到足够的缓解，不再需要心理治疗了。其次，保险公司也确实更愿意为药片，而不是较为昂贵的谈话治疗付费。

此外，我还要补充第三种可能性：安全有效的治疗抑郁症的药物的推广，以及减少焦虑、改善睡眠和提升注意力的药物的推广，改变了我们的文化对情绪不适的立场。

我们不再认为心理上的不安是需要探索和得到理解的，而是越来越多地将情绪上的痛苦视为可以通过化学药物来阻止或控制的东西。数字不会说谎：自 21 世纪初以来，抗抑郁药已经与控制血压和胆固醇的药物一样，成为成人门诊处方中出现最多的药物。

精神类药物能减轻人类的痛苦，这一点毋庸置疑。但是，任何一位有良知的临床医生都不会在开这些药物时承诺它们能解决生活中的问题，或使人快乐，因为它们没有这类功效。尽管如此，我还是不禁要问，调整情绪的药物的广泛使用是否助长了这样一种信念，即我们和我们的孩子可能也应该不用面对这样的现实：生而为人，难免会感到痛苦。

但我认为，造成我们对心理不适如此不安的原因，并不仅仅是精神类药物的迅速扩散。我们来看看第二个因素：身心健康产业。

身心健康并不是什么新概念。瑜伽、正念、芳香疗法以及一系列与心理健康有关的非医疗手段和产品已经存在了几千年。那么什么是新的？是身心健康产品及服务的无孔不入的积极营销。2010 年，《纽约时报》刊载的一篇商业文章称，身心健康是一个“新兴”产业。从那时起，身心健康产业在商业上出现了爆炸式增长，如今已经成为一个经济巨头。仅精神健康产业就在全球健康经济中占 1310 亿美元。仅从这个数字来看，精神健康产业已经超过了市值 1000 亿美元的全球娱乐产业。

当然，这并不是坏消息。各种研究一致表明，冥想、正念和瑜伽练习可以缓解心理上的不适，改善精神健康。植物药水、芳香蜡烛、重力毯（weighted blankets）以及其他愉悦或舒缓感官的产品，确实可以给人带来短期的平静和放松。

尽管如此，现在的情况似乎是，强大的经济动力正在推动身心健康产业做出它无法兑现的承诺。保健产品的广告经常宣称或暗示出售的产品（无论是正念应用程序、香薰精油，还是果味茶）既能带来轻松的感觉，又能避免不必要的情绪。这在理论上可能听起来不错，但常识告诉我们，现实生活并非如此。享受你的瑜伽课并不意味着学校校长不会打电话来告状，说你的孩子在操场上打了同学。让家人承诺定期进行正念练习，也不能阻止全球性的传染病给你的家庭带来多年的痛苦。身心健康产品或方法可以暂时提振我们的精神，或帮助我们重新获得一种短暂的平衡感，但不能保证我们或我们的青春期孩子免受情绪困扰。

我们并未真正明白这个道理。相信自己有可能达到并保持一种轻松的心理状态，这种想法非常诱人。别忘了，无处不在的健康广告还在暗示人们，他们可以获得，至少可以购买到一种从容闲适的禅境。

虽然身心健康产业设定的期望值近乎荒谬，但其影响却不容小觑。如今来找我咨询的一些青少年认为自己在“身心健康”方面做得很失败。社交媒体传播的那些危险的营销信息给他们洗脑了，让他们相信只要运用相关产品和服务照顾好自己，就能免于压力或焦虑。到了期末考试的时候，大考自然会让青少年绷紧神经，但现在这些孩子比我们那时候感觉更糟，因为到处都有广告在暗示他们：这种不适是可以避免的。这样一来，本已压力重重的青少年因为自己有了坏情绪而更加难过。

不仅如此，身心健康产业的崛起似乎已经改变了我们的文化对心理健康的定义。在过去十年里——也就是心理健康成为一个价值数千亿美元的产业的这十年——心理健康已经与感觉良好画上等号。感觉良好（或平静、放松）当然好，但现实是，愉快的情绪在日常生活中总是来来去去。无论做什么，都无法保证任何一个人能够长时间维持无忧无虑的轻松心情。

心理健康意味着感觉良好，这种信息的广为传播使得许多父母和青少年陷入这样的逻辑，即心情不好是很严重的事。我很担心，身心健康产业的发展已经让父母和青少年对普通的逆境感到过度恐惧。与过去几年相比，现在我更需要反复安慰青少年和他们的家人，告诉他们，糟糕的一天或难熬的一个星期并不一定会发展为“真正的问题”。

这就引出了第三个因素，它可以解释为什么当下的青少年和他们的父母对情绪问题比过去任何时候都感到不安：青少年群体的心理感受确实比以往更糟糕。

部分原因是，由于环境、社会和政治的持续动荡，青少年正面对一个令人不安的未来。美国心理学会在 2018 年进行的一项调查发现，与成年人相比，15 岁至 21 岁的人对国家的发展方向、大规模枪击事件的频繁发生以及气候变化表示了更高的关注。

在青少年中，有关更严重的心理健康问题的数字也一直在上升。从 2009 年到 2019 年，称持续感到悲伤或绝望的高中生比例从 26% 跃升至 37%。与此同时，称严重焦虑的高中生比例从 34% 上升到 44%。你可能已经注意到了，这些严峻的数据反映的还只是新冠大流行前青少年的成长状态。

虽然这场大流行病对每个人来说都很可怕，但青少年却因此面临着独特的挑战。因为新冠大流行影响了青春期核心任务的正常发展，即与同龄人相处和走向独立。全球性的研究发现，在新冠大流行期间，青少年的抑郁和焦虑症状增加了一倍，许多人开始出现入睡困难、不愿与家人交流以及攻击性增强等状况。在 2021 年初，急诊部门的研究发现，与 2019 年初相比，疑似自杀未遂的就诊人数在青春期女孩中增长了 51%，在男孩中增长了 4%。专家们并不完全确定是什么原因导致了这么大的性别差异，但他们怀疑，对疾病大流行导致的社交隔离，女孩可能比男孩感受更强烈。

对那些因种族或宗教而长期遭受歧视和被边缘化的青少年来说，情况更加糟糕。与白人青少年相比，黑人、亚裔美国人和多种族家庭的青少年在新冠大流行期间经历了更严重的心理痛苦。当然，疾病大流行也与其他影响青少年的国家危机叠加在一起：激烈的政治分化，不断上升的暴力，以及对美国黑人被警察杀害事件的痛苦但必要的重新审视。

难怪今天有这么多父母担心他们的孩子的心理健康。青少年的成长本就不易，而在这个混乱的年代，身为青少年，或者养育一个青少年的任务变得加倍困难。不过危机往往带来机遇。事实上，我认为，要想认真考虑如何支持青少年和他们的情感生活，此刻就是最合适的时机。

在新冠大流行之前的十年中，我写了两本书，重点关注女孩和年轻女性面临的挑战。在新冠大流行期间，我的关注对象自然转移到了所有青少年（无论男女）的迫切情感需求上。这种转变并不困难，因为在三十多年的临床工作中，我治疗过许多男孩和年轻男性。此外，我在《纽约时报》上发表的关于青春期的文章，以及我的播客节目《问丽莎》都是不分性别的。在本书中，我将通过临床工作中男孩和女孩的案例来说明我的主要观点。出于保护隐私的考虑，在使用这些案例时，我改变了可能识别身份的细节，并且合并了一些案例。

你打开这本书，是因为你关注青春期。你想帮助青少年在充满挑战的时代，度过这个充满挑战的人生阶段。你希望他们拥有丰富和有价值的情感生活，与他人建立充满关爱的联结，培养他们无论身处顺境或逆境，都能保持稳定，不丧失能力，并发展真正的情感力量。

这本书能在这些方面为你提供帮助。在第 1 章中，我们先要消除关于情感运作方式的普遍而有误导性的传言，将我们对青少年情感生活的探索建立在心理科学的基础上。第 2 章将讨论传统的性别角色如何塑造青少年的情感体验和表达，并解释有关性别的新的认识对青少年及其家长的意义。在第 3 章中，我们将探讨青春期情绪的独特之处，以及它们会为青少年及其家庭的日常生活带来什么样的新变化。第 4 章和第 5 章借鉴了临床研究和理论，为父母们提供了具体、实用的指导，帮助青少年获得健康的表达情绪，以及恰当的控制情绪的方式，从而发展出独立的情感生活。

也许最重要的是，这本书将摒弃这样一种危险的观点，即青少年必须一直感觉良好，才算心理健康。心理学上准确并真正有用的情绪健康的定义是：在对的时间有对的感受，并能有效地管理这些感受。

不要再浪费时间了，从此刻起，我们就要更好地理解和支持我们所爱的青少年。

第1章

Chapter 1

青春期情绪知识 101：走出三大误区

“D 医生，”我的手机收到一条信息，“这周我可以去见你吗？汤姆。”我不认识这个电话号码，这周的工作日程中也没有叫汤姆的人。我疑惑地盯着自己的手机，看着它显示“正在输入”，然后，它就像读懂了我的心思似的，又显示出一条信息：“我是汤米，我从妈妈那里找到了你的号码。”

哦，是汤米！我立刻想起了一个可爱的九岁小孩。我第一次见到他是几年前在我的候诊室里。当时他正焦虑地站在妈妈旁边。他的妈妈坐着，一只手平静地放在腿上，另一只手轻轻抚摸着儿子的后背。当我打开候诊室的门时，她试图帮助儿子放松的所有成果立刻荡然无存。汤米恐惧地睁大了眼睛盯着我。他乌黑的头发有一半翘了起来——居然就这样在学校翘了一整天——似乎让他更显警觉。在电话里，汤米妈妈解释说，他晚上会非常害怕，这使得他和家人都要很晚才能睡。他们跟着我走进咨询室，在那里，我们逐渐展开并获得了一段长期而富有成效的工作关系。

汤米天生容易紧张。婴儿时期他很容易受到惊吓，到了上幼儿园的时候，他的分离焦虑异常严重。几年后，他的担忧演变成了对夜晚的恐惧。幸好，我的努力以及他父母坚定的支持，给他提供了有效的帮助。有关恐惧的问题解决后，两年过去了，我又收到他家人的消息。在七年级结束的那个夏天，汤米勇敢地尝试参加营地，在外面过夜。但第二天，他就要求回家。我与汤米的父母，以及在营地的汤米通了几次电话，还征询了营地主管的意见。我们一致决定让汤米回家，希望明年可以再度尝试。那年夏天，汤米一直在接受我的咨询，处理导致他提前结束营地活动的焦虑情绪，以及他因为无法留在营地而产生的沮丧与屈辱。

看着手机，回忆过往，我意识到，我已经将近四年没有再听到汤米——也就是现在的汤姆——以及他父母的消息。这样算来，他现在应该上高三了。我们约定了见面时间，我也做好了可能认不出候诊室里的这个人的心理准备。果然，汤姆现在长得高大魁梧。他穿着宽松的过膝短裤，在克利夫兰郊区十月下旬的寒冷气温里有些不太合适。他一开始显得尴尬又友好。他跟我打招呼，低沉的嗓音让我大吃一惊。

我们在我的办公室坐下来，简单地聊了几句之后，他说起了给我发信息的原因。

“我正在准备大学申请。我不想申请离家太远的大学。我觉得这没什么，我父母也没意见，但我的辅导员却很不满。”

汤姆的成绩在班上名列前茅。这是因为容易焦虑的性格特点显然也使他成了一个非常自觉的学生。他是一名备受瞩目的越野跑运动员，并正在成为一个颇有成就的双簧管演奏家。尽管在很多方面已经变得成熟，但汤姆解释说，去年夏天，他本想去密歇根参加一个为期五周的音乐课程，但最终还是做不到。基于这样的经历，他决定只申请离家不超过三小时车程的大学。

俄亥俄州东北部不乏优秀的大学，但汤姆学校里负责大学申请的辅导员还是觉得汤姆局限了自己的机会。“我一时间不知道该作何判断。”汤姆坐在我办公室的灰色沙发上，与我分享了他的理由。汤姆的希望是，在外地上大学时，一旦自己开始感到紧张焦虑，就可以很容易地回家住一两个晚上。他向本地七所非常好的学校递交了申请——当录取通知开始发放时，他肯定会收获满满。他也没有申请离家三十分钟路程以内的任何一所大学，因为他很想有一种离开家去上学的感觉。

“我还是会很焦虑，”汤姆说，“情况肯定比以前好多了。但是我始终不愿意远离我的家人。我只是想找到一个解决办法，不让自己觉得大一生活会因为焦虑而变得一团糟。当我向辅导员解释这一点时，他说：‘汤姆，你的担心影响了你的思考。’”

虽然我知道这位辅导员为什么这么说，但我并不认同他的观点。对我来说，这似乎是建立在一个无用但老生常谈的误区上的：情绪会破坏我们的判断力。

误区1：情感是理智的敌人

早在斯波克（Spock）先生以其绝对的理性，作为模范思想家在《星际迷航》（*Star Trek*）中闪亮登场之前，情感和理性就被视为竞争对手。我们的思想与感情之间的对立显而易见，哲学家们多年来对此发表过各种意见。柏拉图（Plato）把理性想象成一个战车手，竭力驯服人类情感这匹烈马；勒内·笛卡尔（René Descartes）是理性的拥护者，他的理想是“彻底地成为激情的主人”；而大卫·休谟（David Hume）则与笛卡尔的看法完全不同，他认为“理性是，而且只应该是激情的奴隶”。

那么，我们应该如何看待情感在决策中的作用？柏拉图、笛卡尔、休谟，谁的观点是正确的？

也许我的朋友泰瑞（Terry）的观点是正确的。她也是一位临床心理学家，曾经和我分享过一个非常有用的比喻。在泰瑞看来，当涉及决策时，我们应该认为情绪在我们的“个人决策董事会”中占有一席之地。占据“董事会”其他位置的因素包括：道德考量、个人抱负、我们对他人的责任、财务状况或条件约束等。在理想状态下，所有“董事会成员”将共同工作，帮助我们在生活中做出谨慎、明智的选择。在这个比喻中，情感有投票权，但通常没有决策权，并且，情绪绝不会当上董事会主席。

泰瑞的观点得到了心理学研究结果的支持。研究表明，在适当条件下，我们的情感能提高决策的质量。为了研究情绪如何影响推理，心理学家伊莎贝尔·布兰切特（Isabelle Blanchette）要求英国退伍军人解决三个不同主题的逻辑问题。第一个问题与战斗有关（例如，“某些化学武器被用于战争中。所有在战争中使用的东西都是危险的。因此，这些化学武器是危险的”）；第二个问题充满感情，但与战斗无关（例如，“某些癌症是遗传性的……”）；第三个问题是不带感情的（例如，“有的茶叶是天然物质……”)。那么结果如何呢?面对与战斗有关的逻辑问题时,老兵们的推理最为合理。对战争相关话题的情感投入似乎增强了他们做出准确推理的能力。

布兰切特的退伍军人研究还对情感与逻辑思维之间的互动有进一步的启示。在她的研究中,一半的退伍军人患有创伤后应激障碍(Post-Traumatic Stress Disorder, PTSD),其特点是:会产生与过去的创伤性事件相关的痛苦的、破坏性的想法和感受。布兰切特发现,与没有创伤后应激障碍的退伍军人相比,患有创伤后应激障碍的退伍军人在各类逻辑问题上都表现不佳。一定程度的个人情感投入可以提高推理能力,但过多的情感则会形成认知阻力,干扰我们的思考。

那么,汤姆的情况又是怎样的呢?在我看来,在他的“个人决策董事会”上,情绪发挥了宝贵的作用。过往的经验让他知道,离开家是一件很困难的事,但他的情绪并没有强烈到排挤掉其他审慎的思考。汤姆想离家人近一点,但又不想太近。这样假如一切进展顺利,他就可以做好准备,逐渐走向独立。同时,汤姆非常重视对大学的选择。他很幸运,生活在一个高等教育资源丰富的地区,不必离家太远就可以选到满意的学校。

“在我看来,”我说,“你已经深思熟虑过了。因为这将是你第一次真正地离开家，你当然希望能有一张安全网。即使不会用到，但知道它就在那里，你会感觉更好一些。”

“我就是这样想的，”汤姆说，“可是我该怎么对我的辅导员解释呢？”

“我想你可以告诉他，你很感谢他的关心。虽然看起来你是因为担心才做出这样的决定，但实际上，它们只是影响你的决定的众多因素之一。”

接着我们讨论了在考虑上大学的问题时，什么是对汤姆来说最重要的东西。他希望能对上大学充满期待，也希望能有信心在学校取得成功。情绪的参与帮助他找到了实现这两个目标的解决方案。汤姆的焦虑在他的“个人决策董事会”中扮演了一个明智、审慎的角色。

■ 帮助青少年学会信任自己的直觉

首先，我们希望青少年能以这样一种重要的方式看待他们自己的感受：把感受，无论痛苦的还是愉快的，看作数据。情绪本质上就是一种信息。它们在日常生活中不断涌现，传递有意义的反馈。情绪为我们提供生活状态报告，有助于指导决策。如果在与某位朋友共进午餐后，你发现自己变得乐观和精力充沛，这样的感受可能会激励你花更多时间与这位朋友相处。意识到即将到来的公司聚会让自己提心吊胆，你可能会思考这样的聚会是否真的值得参加。与其认为情绪是干扰，不如把它们看作是不间断的信息流，向我们报告事情的最新进展。

青少年通常不会这样看待感受。他们经常在从外部世界接收到的信息与自己内心产生的感受之间纠结。他们会怀疑自己的情绪，尤其是当自己的感受与同龄人传递出来的感受不一致时。例如，当某些事让自己感觉不舒服，但朋友们却毫不在意时——比如说同学的坏话，尝试逃课——青少年就会反复琢磨，试图弄明白谁的反应是对的，到底是朋友们做错了，还是自己太紧张。

青春期的孩子有时会在家里提到这类难题，而他们的表达方式让成年人感到很困惑。你的女儿可能会漫不经心地突然说起："我们年级的几个女孩物理课逃课去吃午饭。"听到孩子以如此随意的语气谈论这样严重的事情，真令人惊讶。在我们看来，逃课可是大问题，而更糟糕的是，孩子似乎对此并不在意。在开始你的说教之前，请先考虑这样一种可能性：青少年也许并不知道自己该对这种情况做何反应。他们假装漠不关心，是想要了解我们对这种情况的感受。从这个角度来看，严厉的训诫也不一定是最坏的选择。即使孩子未必会表现出令我们满意的态度，但这样做至少能让她知道，她不是唯一一个认为她朋友的行为不妥的人。

不过，更好的做法是诚恳地提出问题。一句温柔的“嗯……那你是什么感觉？”就能让青少年知道，她同学的行为让我们觉得不舒服，而且我们猜想她也有类似的感受。这样一来，沟通就会变得更有成效。当我们表示关心孩子的感受——尤其是有关他们主动提出的话题——就是在引导他们，把自己的情绪看作值得信赖的信息。青少年本来就具备深刻的洞察能力，我们信任他们，他们就不会让我们失望。如果刚才还在以满不在乎的口气谈论争议性话题的青少年突然话锋一转，说“我有点担心他们”这类的话，你也别觉得惊讶。

不过，假如你尝试了这种方法，却发现孩子没有心情进行认真的交谈，怎么办？其实，就朋友的不妥行为征询孩子的意见，很容易得到恼怒的（即使不是敌对的）回应。但即使碰壁，也不要绝望。在我看来，这样的对话本身就是一种成功。当孩子在家里谈起同龄人的非常之举时，他们通常是在寻求某种确认。而当我们扬起眉毛——即使这么做会惹孩子们生气——就是在给他们这样的确认。

最重要的是，我们要寻找机会，传递这样一个关键点：情感帮助我们指引生活的方向，忽视情感意味着盲目飞行。当听到青少年质疑那些在当时情境中意义非凡的感受时，我们应该迅速让他们安心。“你的直觉很棒，”我们可以这样说，“留意它告诉你的东西，因为它会确保你一直走在正确的轨道上。”

后来的事实证明，汤姆听从自己内心的声音是明智的。他收到好几所大学的录取通知书，最终选择了离家一小时车程的一所小型的文理学院。尽管在新学期开始前的那个夏天，汤姆对离家去上大学感到兴奋，但他的第一个学期却很不顺利。他和室友相处得不错，但是远离家乡让他不安，晚上经常很难入睡。随着疲劳感增加，汤姆越来越焦虑，由此引发的恶性循环，进一步影响了他的睡眠。我们重新开始咨询，方式是当汤姆一个人在宿舍时，通过视频进行。很快我们就认为，他需要回家休息几天，以补充睡眠，并与我的一位精神病学同事会面，商讨药物治疗的问题。

在 10 月的大部分时间以及 11 月初，汤姆都会在周四上完本周的最后一节课后回家，然后周日下午再回到学校。与家人共度时光，拜访多年的音乐老师，并在自己的床上睡觉，这些事让汤姆恢复了活力。他因为错过大学的周末活动而常常感到沮丧，但只要想到再过几天就可以回家

“充电”，他就能够更好地享受学校生活了。

在我们的定期咨询、抗焦虑药物、一个善解人意的室友和支持他的父母的帮助下，汤姆在学校待的时间开始变得更长。第二学期开学两周后，汤姆的音乐老师鼓励他参加大学管弦乐队的面试。汤姆既惊讶又荣幸地被任命为首席双簧管。从那以后，他的情况迅速改善。排练和音乐会很快填满了汤姆的日程表，使他没有时间回家。值得庆幸的是，他现在很少想要或需要回家。到了 4 月，他在校园外的公寓租了房子，与在管弦乐队中认识的两个好朋友同住。

那一年，汤姆只与我联系了一次，是因为他的祖母意外去世。我们见了两次面，帮助他处理悲痛和震惊的感受。在那之后，我没有听到他的任何消息。汤姆大二那年的深秋，我在杂货店偶遇他的母亲。她向我全面报告了他的情况。“汤姆特别开心，”她笑着说，“我们经常去看他的演出，但他只在学校放假时回家，有时甚至不回家。说实话，从这方面来说，他还不如去遥远的加利福尼亚上学。”

■ 注意：青少年的判断力受情境影响

现在回想起来，汤姆在选择大学的时候考虑到了自己的焦虑情绪，这显然是明智的。他的故事是一个很好的例子，说明情绪可以帮助青少年更好地做决策。但情况并不总是如此。在某些情境中，情绪化会损害青少年的判断力。

与儿童和成年人相比，青少年更容易在与朋友一起做刺激的事时，作出错误的决定。你应该不会对此感到惊讶。因为你或许还记得自己年轻的时候，或者你认识的其他孩子干的那些蠢事——仅仅因为别的孩子也这么做。

我记得的事是“滑雪”。我在科罗拉多州长大。在我的青少年时期，也就是 20 世纪 80 年代，丹佛还是一个小城镇。一场大雪过后，深夜空荡荡的街道会被一层紧实的、滑溜溜的雪覆盖。在这种天气里，我和朋友们会在天黑后出门，两三个人一起抓住朋友汽车的后保险杠，大声喊开车的朋友踩油门，享受被车拉出去的感觉。我们半蹲着，靴子就像滑雪板，速度越来越快。最终，我们会抓不住，被扔在路中间的雪堆上。这时司机会开车绕回来，我们再来一次。没轮到滑雪的时候，我们会面朝后坐在敞开的后备厢里，与正在滑行的人聊天。如今我已年过半百，回忆过往，我无法相信自己曾做过这样的事。作为两个青少年的母亲，如果我自己的女儿这么做，我肯定会勃然大怒。但我也记得在那些深夜滑行的感受，太有趣了，我甚至没有考虑到危险。我的好朋友这么做，所以我也这么做了。

也许有人觉得我在替自己辩护，但我还是想要补充一点：在青少年时期，我总体上是很冷静的。那时的滑雪也算不上是鲁莽或冲动行为。但假如我的父母知道我们想要干什么，并要求我详细说明滑雪的潜在危险，那么即使在当时，我也能列出一长串的危险因素。但是，在雪地里的时候，我并没有考虑过会出什么问题。我不过就是在和朋友们一起找乐子。

心理学家早已发现，面对冒险行为，青少年有两种思考模式：一种是“冷静评估危险”的模式，另一种是“我和朋友们在一起，我们很开心”的模式。这两种不同的状态分别被称为“冷”和“热”认知模式，哪种模式占主导地位要取决于青少年当下所处的情境。

在冷认知模式做主导时（例如周六下午，你的孩子在厨房里向你描述他晚上的计划时），青少年完全有能力进行合理和谨慎的推理。但在热闹的社交场合，热认知模式开始发挥作用，他们就不会认真考虑风险。当你的孩子说他那天晚上并不打算喝酒、抽烟或做其他可能有危险的事情时，他说的也许确实是实话。但是，当他加入聚会，发现朋友们都在喝酒，很有可能热认知模式会成为主导，让他拿起酒杯。

所有青少年都过着可怕的双重精神生活，面对这个事实，成年人应该怎么做呢？首先，他们可以感到欣慰的是，许多州制定的法律都特意考虑到了青少年与同龄人在一起时会有更大风险这一事实。专为青少年设定的驾照颁发体系对新司机车上的青少年乘客数量有专门的限制。因为对十六七岁的司机来说，每多一个同年龄的人上车，他们发生事故的可能性就会增加。为什么？因为青少年的大脑对这样两种情况非常敏感：一是参与新的或令人兴奋的事情所获得的乐趣，例如快速驾驶或鲁莽驾驶；二是感觉被同龄人接受而得到的社交回报。拉着一车朋友，就等于是这两种情况的叠加，驾驶很快就会变成危险行为。立法者对热认知模式的认识促进了驾照许可法规的出台，大大减少了青少年的交通事故。

其次，既然知道青少年会自动从冷认知转换为热认知模式，我们就应该事先考虑到，当孩子们置身于那种容易触发转换开关的激情四射的社交场合时，他们会作出怎样的决定。我们应该好好利用青少年拥有冷静的理智分析能力的时机，比如下午的厨房谈话，询问他们，置身热烈激动的氛围中时该如何应对。

当孩子向你保证他不会在聚会上喝酒时，你可以试着说："很高兴听到这样的话。那么，假如到时候你的朋友都在喝酒，你怎么办？你将如何坚持你的想法？"聪明的孩子会使用各种策略来保证自己不越轨。有车的青少年往往会自愿充当司机，这样他们就可以轻松地拒绝酒精。没车的人会找其他借口，比如正在吃药，有滥用药物的家族史，或者有严厉的父母，假如自己违规，就会被送去军校。需要明确一点：为了保证安全，青少年可以编一些事由。但是务必要在进入热认知的雷区前，就先确定好用什么借口。因为到了那时，他们就很难保持最佳思维状态。

当然，利用冷认知模式来确保青少年在热认知模式中有可行的安全计划，这样做并不能绝对确保不出错。成人也不可能预见到青少年可能采取的每一种危险行为。比如，我的父母压根儿不知道我还做过“滑雪”这种事。尽管如此，了解社会环境会如何影响青少年在面对风险时的思考能力，还是能有助于我们以及孩子们面对这样一个事实：情绪有时会损害青少年的判断力。

误区2：负情绪对青少年有害

除了在诊所照顾青少年外，我每周还会花一部分时间与各类学校及其学生一起工作。我一直担任劳雷尔学校的长期顾问，这是克利夫兰市一所 12 年制的女子学校。我还会到全国以及世界各地演讲，这也让我有机会和更多学校有广泛的接触。我喜欢与教育工作者在一起，他们中的许多人都是我最亲密的同事和朋友。因此，在初秋的一个周一早晨，当我收到来自东北部一所公立中学校长的问候短信时，我并不觉得奇怪。

“你有时间吗？”她在短信中问。

“当然，”我回答说，“现在就有。”

于是，在简单地聊过我们各自的家庭和近况之后，她说:“我刚收到一些家长对我们八年级的英语阅读作业的反馈。书单上大多数是标准的必读书，比如《杀死一只知更鸟》之类的，但我们增加了几本新书，因为我们想介绍更多元的作者和观点。”

“那些家长，他们有什么意见？”

“有些内容令人痛苦难过，家长们对此表示担心。我能理解他们的心情。有的小说描述了非常艰难的情境，但那些都是正在发生或者过去发生过的事实。而且这些故事是我们的图书管理员审核过的，他会确保这些内容适合孩子的发展阶段。”

“你听到的担忧只是关于英语阅读的，还是也与其他科目有关？”我问。

“一些家长不喜欢我们社会学课程中关于种族歧视的单

元。不过似乎英语课的问题最大。一位妈妈说，她不介意我们介绍枯燥的历史事实，但她觉得让孩子们阅读情感强烈的故事，让这些事实变得生动鲜活并不是一件好事。”

“哦！”我说。家长们对这些令人难过的书籍反应这么大，让我感到有些吃惊。我说：“我不太确定你该对这些家长说什么，但我可以告诉你，研究结果支持你的做法。”

接着我解释说，一些心理学研究已经证实，阅读有助于培养同理心。对生活经历的引人入胜的叙述，阅读这样的内容绝不会对青少年有害，相反能够培养他们从他人角度看待问题的情感和能力。最有趣的是，研究表明，只有当年轻人对他们所读的东西产生情感共鸣时，才能达到这种效果。枯燥的历史事实就没有这样的魔力。只有当文学作品激发起青少年的情感时，他们才会产生同理心。玛丽·安·埃文斯①（Mary Ann Evans，她的笔名乔治·艾略特更为人所知）明确提出过同样的观点。她说：“艺术家，无论画家、诗人还是小说家，给予我们的最大好处，就是延展了我们的同情心。”

---

① 译者注：玛丽·安·埃文斯是英国维多利亚时代著名作家之一，以乔治·艾略特为笔名发表了《亚当·比德》《织工马南传》《弗洛斯河上的磨坊》以及《米德尔马契》等经典小说。

毋庸置疑，从成长的角度，阅读有关他人生活的传神文字是有价值的，即使这些故事给我们带来很大的困扰。我也是一位母亲，我知道看到自己的孩子与强烈的、令人不安的情绪缠斗是多么难受的事。我很容易理解家长为什么会怀疑让孩子接触这种令人痛苦的内容的必要性。但我知道，从长远来看，经历强烈的情绪对年轻人是有好处的，哪怕这些情绪让他们一时不知所措。

我告诉我的朋友："关于孩子是否能处理好某件事，父母往往有很好的直觉。所以我并不排斥他们对阅读作业的质疑。不过，只要这些书是适合年龄的，是在有思想的老师的帮助下阅读的，并伴随着有意义的课堂讨论，那么，我认为，接触这些会激发不舒服情绪的故事，对大多数孩子来说不是过分的要求。事实上，这对年轻人的成长有非常重要的帮助。"

不适的情绪能促进成长

情感上的痛苦能促进成熟。不仅艺术和文学作品有这样的作用，我们在现实生活中经历的困境更是如此。初次产生这个想法时，我还是密歇根大学一个培训诊所的博士后研究员。诊所为当地的成年人提供服务，给我分配了一个 30 岁的客户。初诊会谈时，她明确告诉我自己酗酒。当我向我的督导——诊所负责教学的一位高级心理学家——转述我们第一次治疗的细节时，他在谈到她喝酒时打断了我。“你得知道她开始大量饮酒时的年龄，”他说，“因为当一个人开始出现滥用问题，他的成熟的进程就停滞了。”

督导的这些话让我反复琢磨了好几个星期。我觉得这种概括性的评价未免有些绝对。然而，随着时间的推移，我渐渐明白了督导的意思，也明白了他所说的是专门从事药物滥用治疗的临床医生多年来的经验之谈。

现实情况是：困境对情绪的影响有助于我们成长。想象一个在学校考试中作弊被抓的青少年。她将不得不因为自己的行为面对痛苦的后果，例如考试得零分，并接受学校或家庭给予的任何其他惩罚。她可能会因为作弊，或者因为让父母和老师失望而感到内疚。所有这些将帮助她反思自己想成为什么样的人。尽管我们不希望我们的孩子有这样的经历，但青少年和父母经常把这样的危机视为年轻人生活中一个有意义的转折点。

或者想想一个被女友抛弃的男孩。他可能会备受打击，躺在床上不想动，很多天都生活在阴霾中。但是，如果痛苦促使他寻求和接受好朋友的支持，反思对这段关系有益和无益的部分，并发现自己比意料中更能够承受心理压力，那么，分手可以成为一种有助于成长的（可能依旧是非常不情愿的）经验。

然而，当这个过程中出现滥用问题时，成熟的过程就终止了。不管你如何看待酒精，它也许能有效地阻断情感痛苦，从而阻断与之相伴的成熟的过程。如果在考试中作弊的女孩用酒精来麻痹自己的不适，她可能会通过这种方式渡过磨难，但她不会从中吸取教训。如果被女友抛弃的男孩靠喝酒来缓解心痛，他将错过一个关键的机会，无法加深他对自己和对亲密关系的认识。

当然，我明白，经历心理痛苦有助于青少年成熟，这个理论听起来虽然不错。可是当自己的孩子身处其中时，就是另一回事了。家长都关心孩子，不愿意看到他们受苦。当青少年情绪崩溃，家长的担心是可以理解的。那么，我们该怎么做呢？

首先我们要留意，自己是否在不遗余力地设法阻止青少年变得不开心。我们很容易掉入这样的陷阱。凭借丰富的生活经验，我们经常可以预见将要发生的困难，而我们的孩子似乎对此毫无意识。当我们看到麻烦迫近，就想用自己积累的智慧帮助孩子，试图让孩子避免与它碰面。

我想到了我一个朋友的故事。他说，随着儿子的高中足球赛季越来越近，他们家晚餐的气氛变得紧张起来。他的妻子经常在吃饭时询问他们 15 岁的儿子，想要了解他为选拔赛进行的训练进展如何。妻子是好心好意，但就像任何一个发展正常的青少年一样，这个男孩对妈妈敦促他训练的努力非常反感。于是饭桌上要么爆发愤怒的争吵，要么变得一片死寂。“我知道她的出发点是好的，”我的朋友说，“但这让家庭生活变得非常痛苦。”他也曾问过妻子，为什么明知会毁掉一顿饭，她还是要提起这个话题。“她担心，如果儿子没被选入球队，他会崩溃。我也知道，他肯定会的。”

我的朋友想知道他们该怎么做。如果妻子坚持询问儿子的训练计划，有没有可能，儿子最终会接受她的教导？“没用的，”我对他说，“继续这么做可不是个好主意。”我建议他们不如直接向儿子阐明心事。他们可以这样说：“我们爱你，我们知道你有多想进入足球队。我们也知道，如果你现在能积极锻炼身体，那么入选的可能性就更大。”就这样，其他的就不必再多说了。

还有一种选择是什么也不说，静观其变。“如果是这样，”我指出，“你的妻子就得接受：孩子可能会经历一段难熬的时期——要么是他被选入球队，但发现自己得拼命努力才不掉队，要么就是他被淘汰。”闭口不言非常困难，但不要忘了，虽然吃尽苦头才得到教训，但毕竟是得到教训了。

如果他没能入选球队，并为此感到沮丧怎么办？男孩的父母应该如何应对？“我早就说过……”这句话太容易脱口而出，但绝不是最好的选择。其实，面对一个（无论是什么原因）极度痛苦的青少年的时候，就是我们的中年智慧最应该派上用场的时候。心烦意乱的青少年几乎不可能保持清醒的头脑。而若要说中年有什么好处，就是能保持客观清醒。15 岁时，被足球队淘汰的感觉就像世界末日。而过了 35 岁的人就不会这么想。

想要利用我们辛苦掌握的认知方法来帮助青少年，需要巧妙地把握好尺度。一方面，我们要告诉青少年，无论对现在的情况感觉多么糟糕，生活仍会继续，他们很快就会感觉好起来。而另一方面，我们也要认同他们的痛苦感受。保持平衡的诀窍在于投射出一种平静的感觉。这样做很难。因为当我们的孩子不高兴时，我们也会感到难过。“你的情绪是由家里心情最糟的孩子决定的”，这句话是真理。

然而，重要的是，当青少年变得过度紧张时，我们要成为他们身边一个稳定的存在。也就是，如果他们想谈一谈，我们可以认真和耐心地倾听。如果他们不想说话，我们可以安静地陪着他们。端来一杯他们最爱的饮料，或者邀请他们一起看一部喜欢的电影，也能表达我们的支持。当青少年不开心的时候，我们的平静传递出这样一个关键信息：我们不会被他们强烈的负情绪吓到，因此他们自己也不必害怕。

当然，在孩子面前做出勇敢的样子，并不意味着我们没有感受到他们的伤痛。在这种时候，父母也需要得到支持，也需要有人可以依靠，比如一个富有同情心的朋友，一个有爱的成年兄弟姐妹，或者一个值得信赖的同事。此外，我们要提醒自己，困难的经历总能帮助青少年成长，意识到这一点能让我们容易承受他们的痛苦。最后，我们要记住，虽然情绪有时是痛苦的，但它们很少是有害的。

■ 什么情况下要让青少年避开情绪痛苦

青少年本身具有承受各种不适，并在这个过程中逐渐变得成熟的能力。我们要担心的情况是：某一事件已经越过了“不安”和“创伤”之间的界线，造成了持续的伤害。这条线该画在哪里？我们来仔细看看。

“创伤”一词已经进入了日常用语。现在它不仅被用来描述可怕的或造成身体伤害的事件，如车祸或抢劫，也被用来描述令人不安但没有生命危险的事件，如滞留在机场或看着你最喜欢的球队在最后几秒钟输掉比赛。然而，当心理健康相关的专业人员使用这个术语时，它有一个非常具体的定义。对我们来说，“创伤”指的是一个可怕事件造成的对情绪的压倒性的影响，而不是指事件本身。

这种区别看起来非常细微，但是十分重要。原因在于：同一个事件会给一个人造成创伤，但对另一个人却毫发无损，这种情况经常发生。在心理学家看来，当一个人遭受的情感压力超出了她或他的承受能力时，就会造成创伤。

举个例子：两个十几岁的男孩在徒步旅行时迷路了。他们在树林里度过了一个可怕的夜晚，不知道自己能否获救。第二天早上，人们找到了他们。经历过这些之后，一个男孩感到非常沮丧，另一个男孩则受到创伤，这种情况是很正常的。第一个男孩在精神上能够承受这种遭遇，他找到了某种方法来应对在树林中迷路所带来的恐惧。第二个男孩却恰恰相反，他的应对能力已经完全被心理上的痛苦所取代。这就好比两个水坝遭受了同一股激流的冲击，一个岿然不动，另一个却被冲垮。两个男孩都经历了同样可怕的事件，第一个男孩只是被吓坏了，而第二个男孩则是被击垮了，受到了创伤。

心理健康专家对创伤进行了细致的研究，因为创伤不仅仅令人担忧，而且可能对神经系统造成持久伤害。研究表明，情感上的创伤经历有时会损害神经系统的功能，特别是一个被称为 HPA 轴（下丘脑—垂体—肾上腺轴）的部分。当我们感到害怕时，大脑中处理情绪的构造——下丘脑就会启动一连串的生理反应。它激活垂体，垂体又激活肾上腺，随后肾上腺将压力激素，如肾上腺素和皮质醇，释放到血液中。HPA 轴的激活会引发不安和焦虑的感觉，生物进化如此设计，本是为了帮助我们应对威胁（我们正是因为感受到威胁才引发了这一连串反应）。大多数时候，HPA 轴的反应强度与危险成正比，一旦危险过去，就会恢复到静止状态。

经历创伤，尤其是在成长的关键时期，会损伤负责调节 HPA 轴的细胞。有这样一项研究：要求被试者参与一项有压力的任务——进行演讲，研究者在演讲前、演讲中和演讲后收集被试者的血液样本，测试其荷尔蒙激素反应。这些被试者中，有一半人在童年时曾被虐待，另一半人没有。结果显示，小时候受过虐待的被试者释放的压力荷尔蒙是没有受过虐待的人的六倍。简而言之，创伤性经历会导致 HPA 轴持续的过度活动，因此导致长期的焦虑，以及对日常压力的过度恐惧反应。

并非所有受到创伤的人都会深陷持续的困境。但有时创伤会导致创伤后应激障碍，这就是我们之前讨论的研究中对一些战争老兵的心理诊断。创伤后应激障碍的症状是可怕的、持续的，包括对创伤事件的侵入性记忆、激动、麻木、过度警觉、退缩和疏离。

所以底线是：我们并不想让青少年远离对成长有促进作用的强烈情绪，但我们也不想让他们遇到可能导致创伤的情况。一个人是否会因某一痛苦的事件而受到创伤，取决于几个因素，包括过往经历、事件发生前的心理健康状况、能得到的社会支持的质量，甚至还包括遗传上的脆弱性。有些事件非常可怕——严重的虐待、濒临死亡的经历、战争的蹂躏——从这种磨难中幸存下来的人中，几乎无一例外会遭受创伤，因为很少有人能经受这种程度的恐惧。但大多数经历都属于灰色地带，某些人会因此心理崩溃，另一些人却没事。

那么，父母怎么知道青少年面临的情况是否会越过烦恼与创伤之间的界限呢？答案因人而异。回到前面那个关于让孩子阅读饱含强烈情绪的书籍的例子，同一部小说可以帮助一个青少年培养同理心，也可能会让另一个没有足够资源应对痛苦的孩子觉得难以承受。我们还应该特别留意这样的情况：阅读的内容过于接近青少年曾经经历的痛苦事件。我认识一位校长，她知道一个八年级女孩的父亲自杀离世了。这位体贴的校长给孩子的母亲打电话，提醒她孩子的阅读书目中涉及一个自杀的人物。他们一起讨论了这本书是否适合这个孩子。后来，母亲决定告诉女儿书里有自杀的情节，让她自己选择是否想读这个故事。最后，女孩要求老师先给她讲述了大致的情节，然后决定要读这本书。

在波涛汹涌的情感汪洋中学习游泳，这对青少年是有好处的。但绝不应该让他们觉得自己好像要溺水了。你了解自己的孩子，应该相信自己的评估，并且应该防止压力过大，导致他们无力应对。

如果你知道你、你的孩子或你所爱的人曾经受到过创伤，请向专业的临床医生寻求治疗。在过去的几十年里，我们在解决创伤和创伤后应激障碍方面取得了很大进步，如心理治疗、正念练习、药物和瑜伽等治疗方法。这种支持是非常必要的，可以在很大程度上减少痛苦。

误区3：青少年那么容易激动，因此他们非常脆弱

不久前，我在明尼苏达州的一所高中为家长演讲，演讲结束后才发现我的一位大学同学也在观众席上。他一直

等到我回答完观众的最后一个问题，然后来到礼堂后面找到我。虽然在我的记忆中他是个无忧无虑、爱玩的大学生，但显然他如今已经成长为一个严肃认真的成年人，并且尽心尽力地养育着三个女儿（12岁、14岁和16岁）。在聊完各自的家庭和工作后，我们交换了联系方式，约好要保持联系。

半年后，我收到了他的邮件。“嘿，你最近好吗？”他写道，“我不知道是否可以（如果不合适，请告诉我）向你寻求一些关于我大女儿露西娅的建议。她有时看起来非常沮丧，我不知道是否应该担心，也不知道该怎么做。”我告诉他，我很高兴他能向我求助。我们约了个时间用于沟通。

我的朋友在电话中解释说，露西娅是一个雄心勃勃、努力进取的高中生。“她像机器一样奋力学习，成绩很好。但有时她会觉得自己很失败。”他说，他的女儿最近每周都有两三个晚上会哭，曾经还说她想“干脆放弃”。他补充说：“我不知道该怎么看待她的状况。很多时候，露西娅看起来和以前一样，开开心心，精力充沛。但可能第二天她就变得很低落，让我觉得她是不是有抑郁症。还有些时候，她半开玩笑地说自己不堪重负——她说想要辍学，靠卖友谊手环来养活自己。她是个有趣的孩子，有很强的幽默感，但我常常不知道该如何看待她的情绪起伏。我在想，我们是否需要带她去看心理医生，或者让她减少学习任务，或者和她一起做点别的事情。我不想反应过度，但也不希望真有问题发生时，我没有及时采取措施。”

我对他的担忧表示理解，我也知道，听见青少年那些沮丧灰心的言论是多么令人不安。然后，我问了几个问题，以排除露西娅患有抑郁症的可能性。我的朋友确认，她的睡眠和饮食都很正常，她仍然喜欢在周末看她最爱的节目，喜欢和朋友们一起玩。他也很确定，当女儿感到沮丧或流泪时，总是有一个合理的原因。他解释说：“有时是因为她的成绩不好，或者晚上的家庭作业实在太多了。”但她总会在当天晚上或第二天早上就振作起来。我问露西娅是否非常易怒——这是成人抑郁症患者很少见，但青少年却很容易出现的抑郁症症状——他温柔地回答说：“和我记忆中的青少年时期相比，她并没有显得更易怒。”

我可以向这位父亲保证，露西娅并没有抑郁症。然而，她正经历着青春期容易出现的明显的情绪波动。关于她想“放弃”的说法，我告诉朋友，青少年用激烈的言辞来描述短暂的绝望感是很正常的。这种时候，最好的反应是询问她真正的意思。比如可以问她：“你有想伤害自己的念头吗？还是你只是想让我知道你现在感觉有多糟？”如果女儿说她有自我伤害的想法，那父亲就应该向我或她的儿科医生寻求指导。如果（更有可能是）她解释说自己感到非常不开心，但不会伤害自己，那么，父亲应该把话题转向困扰她的事情。

“你说的有道理，”我的朋友说，“而且我也能做到。”然后他补充说：“还有一件事，我妻子也注意到了。好像一旦露西娅把她的苦恼都倒给我们，她就会感觉好一些。比如，她会不经意地发表一些言论，像‘我永远也找不到约会对象了’，我听了之后很为她担心，但她却已经和朋友出去玩了。”

“哈哈，”我笑了，“你描述的情况在青少年中很常见。将痛苦的情绪转移到父母身上是青少年处理自己强烈情绪的方法之一。他们这样做确实会让我们非常忧虑，但青少年往往比他们看起来更坚强。”

激动并不意味着脆弱

青少年的情绪化很容易被误认为是脆弱。因为青少年的情绪可能非常强烈，父母常常担心他们所看到的情况是心理问题的迹象。请允许我从三个不同层面来提供一些安心的消息。

首先，青少年在家里的表现往往与他们在外面的表现不同。他们通常在学校里、在训练和排练时，或在工作中，都能很好地控制自己，以平静和优雅的姿态消化挫折、受伤的感觉和失望的情绪。而等他们回到家里，和我们在一起，他们才终于可以容许自己崩溃。从许多方面来看，都可以说这是一个很好的机制。当青少年知道自己在家里可以展现出缺乏安全感和脆弱的一面，他们在外面的时候就能够振作起来，更有信心地生活。作为父母，千万不要忘了，我们很少能全面地看到青少年整体的心理状态。

其次，如果你对孩子的情绪起伏感到担忧，请不要忘记我们对心理健康的定义（这一指导性的定义将在这本书里贯穿始终）——心理健康不是指感觉良好，而是指对当下的情境有恰当的感受，并且能够有效地管理这些感受。没有所谓“错的”感受，我们想要讨论的是，情绪的产生是否有缘由，是否与情境相称。露西娅因为令人难过的原因而感到难过，她找到了适应性的方法来改善自己的感受，比如大哭流泪。尽管我们不愿意看到孩子哭泣，但我们应该认识到，确实存在“好的哭泣”。无论是日常经验还是专业研究都表明，一段时间的哭泣通常会让人感到情绪放松。露西娅的情况就是这样。正如她父亲所说，崩溃大哭之后，她很快就会“振作起来”。

为什么父母不必担心一个非常情绪化的青少年正在接

近崩溃的边缘，还有最后一个重要原因。青少年和我们所有人一样，都有保护性的防御机制，就像断路保护器一样，自动运转，应对情绪过载。例如，露西娅有时使用的就是一种被广泛认可的心理防御手段——开玩笑说要退学去卖友谊手环——来排解一些负面情绪。

当情绪的“电压”过高时，人人都会启动防御措施，以减轻负荷。这些帮助我们缓冲强烈情绪的防御措施是自动的，意思是我们是在无意识的情况下召唤它们的。这类防御措施有很多，但不是对我们都有好处。如何判断哪种防御措施更好呢？越高质量的心理防御系统对现实的扭曲越小。而适应性较差的防御措施往往通过扰乱真相来钝化心理痛苦。在这个意义上说，幽默是一种高质量的防御。如果能对某种糟糕的情况开玩笑，我们的感觉会好一些。但这并不意味着我们认识不到真相。否认就不是一种健康的防御。比如，坚持认为迅速蔓延的皮疹不是什么严重问题，这种想法可能会减少对造成皮疹的原因的焦虑，但却是以牺牲真相为代价的。

重要的是，我们和我们的青少年要找到方法，在不逃避现实的前提下承受痛苦的感觉。如果一个人要靠扭曲事实来获得心理安慰，那么他就很难与世界及他人进行有意义的互动。

大多数情况下，青少年会使用健康的防御措施来应对负情绪。例如，他们经常会建设性地为不想要的情绪找到其他出口，这种防御措施我们称之为升华。一个青少年可能会在对哥哥生气时去练习投掷垒球，另一个可能会把他对祖母去世的悲伤用一幅令人回味的画表达出来。

有些时候，青少年会想出一些理由，使糟糕的情况变得更容易忍受，这种防御被称为“合理化”。如果一个女孩的长期暗恋对象开始和别人约会，她可能会告诉自己，与其把时间浪费在一个上大学前就得分手的男朋友身上，不如用来好好维护可以拥有一辈子的友谊。

某些类型的防御措施在成长的特定阶段更为突出。例如，婴儿配备了基本的防御系统，当他们感到力不从心时会直接采用“退缩”策略。如果有人靠得太近，他们就会闭上眼睛；如果被带到一个嘈杂的餐厅吃饭，他们往往会很快睡着。青少年最擅长的防御策略是心理学家所说的“外化”。这种防御是通过让别人（通常是慈爱的父母）来代替自己感受不愉快的情绪。露西娅的父亲观察到，一旦女儿说了一些让他感到震惊的话，她的感觉就会好很多，这就是“外化”的完美体现。可以把“外化”看作是在移交情感垃圾。一个青少年不想带着某些感受，他会想办法把它们倾倒在一个有爱心的但也许毫无准备的成年人身上。

“外化”是这样操作的：青少年从学校发出警报——可能是发一条短信说“我的数学大考考砸了”，而当“捡垃圾”的父母焦虑地发短信询问时，却毫无回音。这很有可能是因为，一旦青少年将自己对考试的忧虑和盘托出，他就感到轻松了，之后便不再有兴趣讨论这个问题。家长可能会因为这个坏消息而心情沉重，但青少年抛开了对考试的担忧，就可以专注于这一天中的其他事情了。

那么，“外化”是一种健康的防御吗？是的。现在看来，它是在不扭曲现实的情况下缓冲了青少年的痛苦。当青少年将“外化”作为一种防御手段时，他们并没有否认自己的问题，也没有将其归咎于他人。他们只是以一种让父母感觉很糟糕的方式来沟通这个问题。这对青少年来说可能很有效，但对于接收端的成年人来说，无疑是毫无乐趣可言的。

如果你遇到这种情况（你迟早会遇到），有几种方法可以让你感觉好一些。首先，将“外化”看作一种沟通方式。青少年不是将感受说给我们听，而是通过“外化”让我们直接感同身受。他们这样做可能会让你整个晚上心烦意乱，但却能帮助你理解孩子有多么担心、害怕或沮丧。其次，你可以把收集情感垃圾看作你向青少年提供的爱的服务之一。年龄的增长让青少年的情绪体验越发强烈，如果能够定期向一个关心并认真对待自己感受的成年人卸下一些情绪，这真是莫大的帮助。最后，请记住，将问题外化往往有助于青少年解决问题。遇到困境时把情绪压力转移到你身上，可能会减轻你孩子的负担，让他得以切实思考问题的解决方案，例如向他的数学老师询问是否有重考的机会。

关键在于：正常情况下，成长中的青少年都会经历明显的情绪高潮和低谷，不必因此担心他们无法承受。根据以下三点，我们就能对他们的整体情绪健康抱有信心：

1. 青少年在不同情境中应该有合理的感受；

2. 他们应该能找到适应性的方法来管理这些情绪（如大哭一场）；

3. 他们应该能够依靠一系列的防御措施，在不歪曲现实的情况下缓解情绪。

什么时候需要得到专业支持

当然，某些时候，青少年可能会需要专业心理支持。我们如何判断这一点呢？首先是考虑青少年的情绪是否合理。当一个青少年的情绪不符合逻辑时，就应该担心了。这个简单的方式可以帮助我们区分悲伤和临床抑郁症，或健康与不健康的焦虑情绪。

我们先来讨论悲伤和临床抑郁症之间的区别。在遭受损失或遭遇失望时，年轻人肯定会不开心。一段时间的情绪低落证明他们的情绪在正常工作。相反，那些没有原因就感到悲伤或麻木的人可能是患有临床抑郁症。如果一个本应造成短时期悲伤的痛苦事件，比如好朋友搬家了，却导致了长时间持续的情绪低落，那么我们也会怀疑是抑郁症。简单地说，如果青少年对某件事情感到悲伤，你很可能不需要担心；如果青少年连续几天对所有事情都感到悲伤，你就应该担心了。

焦虑也一样。你可能没有想到焦虑也会被认为是一种有积极作用的情绪。最近这些年，焦虑和其他让人感觉不愉快的情绪一起，遭受了不必要的差评。事实上，心理学家早就知道，焦虑是一种健康的、保护性的警报，提醒我们注意威胁。这些威胁可能来自外部，例如一个青少年意识到他开车行驶的路段已经结冰；或者来自内部，例如当一个孩子意识到马上要考试了，而他的学习进度落后了一周。在结冰的道路上开车时，或在学习拖延的时候感到焦虑，可以有效地帮助当事人集中注意力，让他能够谨慎驾驶或努力学习。回到我们的简单衡量标准，临床医生认为只有无缘由不合理的焦虑才是不健康的，这指的是在没什么可担心的时候，焦虑却拉响了警报，或者是焦虑的程度与面对的威胁完全不成比例。换句话说，我们不希望一个人在安全条件下开车时感到焦虑。一个青少年如果没有为考试做好准备，他应该感到紧张，但如果他的焦虑导致恐慌发作，那就是不成比例了。符合情境的焦虑与不符合情境的焦虑要区别对待。

接下来，我们还应注意青少年是否能以适应性的方式管理他们的感受。举例来说，一个女孩因为好朋友搬走而感到沮丧，这种情绪本身并不需要担心，应该担心的是她用有害的方式来应对痛苦：对父母大发脾气，疏远其他朋友。当然，即使是心理素质最强的青少年也不一定总能很好地处理自己的感受。但是，当青少年养成了以危险或昂贵的方式寻求情感慰藉的习惯时，就应该引起关注了。

我们还要注意，青少年是否依靠不健康的心理防御措施来处理痛苦的感觉。我们已经知道，不健康的防御措施是通过扭曲现实来缓冲不舒服的情绪，例如：一个人坚持认为痛苦的事件从未发生（否认），对确实发生过的可怕的事情没有记忆（压抑），或者感觉与自己的思想、情感或身体完全分离（解离）。人们面对可怕的或创伤性的经历时最容易采取扭曲现实的防御措施，也非常需要心理支持。事实上，很多时候，当发现青少年开始依靠不健康的防御措施来试图控制创伤造成的心理后果时，父母们才往往意识到孩子可能遭受过创伤。

尽管以上内容对你有一定的指导意义，但是，关于何时该担心你的孩子，你不必自己去寻找答案。如果你不确定孩子是否需要专业的心理支持——特别是如果你的孩子出现无来由的情绪，无法应对情绪，或者依赖不健康的防御措施，那么，请向心理健康专家咨询下一步的建议。

对那些说想要自杀或自伤的青少年，我们该如何应对呢？首先，这种言论一定要认真对待。第一步，你应该像我指导露西娅的父亲那样，询问这个孩子是否真想这么做。如果得到的答案不能让你完全放心，请立即向健康专家——比如孩子的儿科医生，寻求帮助。或者，如果你担心孩子当下的安全，那么就带他去急诊室。如果孩子没有提到自杀，但成年人有理由担心他们可能会自杀怎么办？同样，先询问。比如可以对孩子说："我知道这个问题可能有点突兀，但考虑到你现在那么难过，我觉得我有必要问一下——你有没有想过伤害自己或结束自己的生命？"成年人有时会回避自杀的话题，因为他们担心提起这个话题会让孩子感到更加不安。恰恰相反，研究表明，向没有自杀倾向的青少年询问自杀问题并不会让他们感觉更糟，但对于有自杀倾向的青少年来说，却能缓解痛苦。

我们多年来一直在研究导致青少年自杀的高风险因素，

并且一直认为需要关注抑郁、焦虑、药物使用或其他精神障碍。这些确实是青少年自杀的主要风险因素，但我们最近意识到，它们主要适用于白人青少年。不幸的是，心理学专业长期以来一直对其研究结果采取一刀切的做法。一旦得到一个研究结果，我们就会假设它同样适用于来自不同种族、民族和社会经济背景的个人。但实际情况并非如此。

黑人青少年的自杀数据，近几十年来一直在惊人地上升。最新数据显示，黑人青少年的自杀率上升最为引人注目。当专家们想根据过往的研究文献来理解这一趋势时，他们几乎一无所获，因为我们从未研究过黑人青少年是否有自己的风险因素。因此，当黑人青少年的自杀率开始从总体趋势中显著突出时，我们不知道原因，也不知道该怎么做。

幸好，一个由美国国会紧急状况核心小组和国家心理健康研究所促成的研究，使这一情况得到关注。早期的研究结果表明，我们对白人青少年自杀的了解并不适用于黑人青少年。与白人同龄人相比，死于自杀的黑人青少年很少有已知的心理健康问题，也没有分享他们的自杀想法或计划。不过，他们更有可能最近经历了危机、家庭问题或争吵，也更有可能在过去就有过自杀的尝试。

有了更具代表性的数据，我们就能更好地知道应该关注什么，以及什么时候应该担心黑人青少年的安全。这些新出现的信息也进一步证明了保健方面的系统性种族差异。与白人相比，黑人青少年更少有已知的心理健康问题，但却在过去有更多的自杀尝试。这一事实明确表明，总体而言，黑人青少年和他们的家庭在心理健康方面获得的服务严重不足。

青少年的情感生活与塑造他们世界的社会力量密切相关。而塑造他们世界的社会力量是由青少年的不同身份决定的。一些年轻人在成长过程中不断与种族主义、歧视和边缘化做斗争，这不仅影响了他们的情感生活，也影响了他们的抱负、人身安全和获得照顾的机会。在讨论年轻人如何驾驭和处理他们的情绪时，我们也必须承认这一事实。

到目前为止，我们对青少年的情感生活有了怎样的认识呢？首先，他们的情绪提供了宝贵的信息，并能影响他们的决策。其次，我们的目标不是保护青少年免受负情绪的影响，因为这些情绪在成长过程中发挥着重要作用。最后，成年人不应该把青春期正常的极端强烈的情绪误认为是心理脆弱。综合来看，我们希望我们的孩子能够欣赏自身情绪的价值，认识到不舒服的经历会帮助他们成长，并学会如何有效地调整他们的情感。

以这些认识作为支柱，我们将继续讨论塑造青少年心理发展的力量，以及如何支持青少年在进入成年期的过程中构建健康、丰富的情感生活。我们首先要讨论的是什么呢？塑造青少年情感生活的最强大力量之一：性别。

Chapter 2

性别与情感

扎克，一个瘦高的高中二年级学生，耷拉着脑袋坐在我办公室的沙发上。他是来参加周四下午的例行咨询的，但看起来他更愿意待在家里，躺在床上。

“你看起来很累。”我实事求是地说道。

“是的，”他说，“我睡得太晚了。”

“为什么呢？”

“我玩《魔兽世界》玩到凌晨两点。”

虽然我在临床中更多是为青春期的女孩提供咨询，但也会有十几岁的男孩转诊到我这里。我总是很高兴看到他们。他们往往带来与女孩不同的能量，但当他们遭遇情绪困境时，我仍然可以依靠同样的、普遍适用的基本问题来指导我的临床工作：他们在对的时间有对的感受吗？他们是否能有效地管理这些感受？

以我对男孩的了解，我认为应该认真对待游戏在他们的情感生活中扮演的角色。扎克是一个认真的学生，也是一个勤奋专注的运动员，所以我觉得在周末的晚上熬夜玩网络游戏对他来说是不正常的。我强烈怀疑有什么事情激起了扎克的情绪，他想在游戏中寻求解脱。

“你什么时候开始玩的？”

“大概 11 点。”

我想弄清到底发生了什么，于是问他：“你做完作业了吗？”同时努力让自己听起来不带任何责怪。

“是的，我做完了。我正在和玛拉发短信，同时准备睡觉。我并没打算玩游戏，但一旦我开始玩，就忘记了时间。”

“玛拉怎么样了？”我问道。玛拉是他最近常常提起的一个女孩，与他同年级。他说他喜欢她，他们曾亲热过几次。最近，她一直在追问他们之间到底算什么关系。

“她很好……我觉得吧……我不知道，”他说，他的声音逐渐变得有些不安，“昨晚她问我是不是只跟她一个人好，还是还有其他人。”

“你怎么说的？”

“我没有回答……那时候我开始玩《魔兽世界》了。”

扎克很快就转到了新的话题上——明天的考试，即将到来的游泳比赛。他在我的办公室里重演了头天晚上的应对策略。当产生了不舒服的情绪时，他就会转移注意力。昨晚是《魔兽世界》，今天在我的办公室则是改换话题。

当扎克在谈论他第二天的大考时，我承认我有点走神了。我想到了玛拉，想到了昨天晚上对她来说意味着什么。我猜想，扎克突然不再回短信，一定会让她感到不安。尤其是，她刚刚问了一个关于他们关系的性质的问题。她是否一直不睡，等着回复？当扎克毫无音信，她会担心吗？她会不会给朋友打电话，希望能解决扎克的突然沉默？她是否会在群里分享和扎克对话的截图，这样朋友们能仔细阅读，并反馈意见，告诉她她到底是哪里做错了。基于我对女孩子们的了解，这些都是她可能会做的事。

为什么？因为在遭遇情绪困扰的时候，男孩更倾向于转移注意力，而女孩更愿意进一步讨论。

性别差异为什么重要

“男孩会转移注意力，女孩愿意讨论。”这肯定是一个非常笼统的概括。我们应该如何看待这样的说法，特别是考虑到近年来我们对性别的理解已经发生了巨大的变化？这种广泛的对性别的认识真的能站得住脚吗？能，也不能。

让我们先从“不能”开始说起。性别差异，尤其是我们正在讨论的与情感有关的差异，在以下四个主要方面被夸大了。

第一，无论怎么划分，女性和男性的相似性远远大于他们的不同。即便有明确的性别区分，任何一个性别内部的差异都远远大于性别之间的平均差异。例如，男性往往比女性高，但最矮的男性和最高的男性之间的身高差异远远大于男女平均身高之间的差异。心理上的差异也是如此：最大的差异存在于单一性别组内，而不是在不同性别之间。

第二，我们要记住，无论在什么时候谈论性别差异，我们谈论的仍然只是群体的平均数。很少有谁正好处在精确的平均点上。这意味着，尽管“普通男孩”比“普通女孩”更具攻击性，但仍有很多女孩比普通男孩更具攻击性，而很多男孩比普通女孩更没有攻击性。这就解释了为什么你的孩子可能不符合你听到的任何一种流行的性别观念。这也意味着，如果我提供的性别行为描述不适用于你的孩子，或者如果你的孩子不认同传统的男 / 女性别二元结构，请忽略我所说的“男孩问题”或“女孩问题”，而将关注点放在问题本身。

第三，我们不应该假设心理上的性别差异完全是先天的。尽管男孩和女孩在童年时就开始在处理情感方面表现出明显的差异，但这些性别模式绝大多数是社会化的结果。有意或无意地，我们教给女孩和男孩不同的应对情绪的方式。这些差异或许是根深蒂固的，但并非完全不可避免。

第四，今天的青少年对性别的看法与过去几代的青少年不同。他们较少使用硬性的男/女分类来看待性别，也并不认为必须符合传统的性别认知。他们心理上的性别差异观念比他们前辈的根基要浅。虽然本章的大部分内容讨论的是传统的性别分类，但我们也会考虑那些不适合这些分类的青少年的情感体验。

那么，既然对性别差异的概括有那么多局限性，我们为什么还要关注它们呢？

我有两个很好的理由。第一，我们确实观察到女孩和男孩在处理情感方面存在真实的、可衡量的差异。这些在人群中的普遍差异构建了青少年的日常体验和他们必须适应的世界。第二，对情绪的性别差异的思考，其意义在于找到产生这些差异的原因，以及如何应对这些差异，从而为青少年提供更丰富、更健康的情感生活。

基于以上几点，我们一起来寻找情绪的性别差异存在的价值。

性别规则在孩子很小的时候就已经存在了

在认定为女性或男性的同时，在对待情绪方面，也就被赋予一种固有的期待。一旦父母得知孩子的性别，许多人就开始在他们的想象中构建未来孩子的形象。他们可能会认为女儿将是敏感、情绪多变的，而儿子将是自信和坚强的。这些假设影响了我们对孩子情绪表达的反应，并反过来塑造了孩子表达情绪的方式。

在出生时，男孩实际上往往比女孩更加喜怒无常。他们普遍更急躁，喜欢哭闹，而且更难安抚。但是到了上学的年龄，男孩就不像女孩那样情绪外露了。与女孩相比，他们不太会表现出积极和消极的情绪。与女孩相比，他们的笑容更少，表现出的快乐程度也更低。他们也更少公开地表达悲伤或焦虑。男孩情绪表达的“缩水”是在很短时间内迅速发生的。一项了不起的研究发现，从学前班到一年级末，男孩对悲伤和焦虑的表达下降了50%，而女孩则保持稳定。事实上，在学龄儿童中，只有两种感情男孩比女孩表达得更频繁：愤怒，以及以他人为代价的快乐。

我们的儿子和女儿怎么会在情绪方面进入两个完全不同的区域？这与父母的教育有很大关系。无论有意或无意，从出生第一天起，我们就潜移默化地推动孩子采纳了由我们更广泛的文化构建的性别情感脚本。我们的一部分做法包括：我们会对符合典型性别观念的情感表达作出反应，而忽视那些不符合的情感表达。年幼的孩子最渴望得到我们的关注，他们很快就会发现，要多表达那些能得到我们关注的行为，少表达那些被我们忽视的行为。研究表明，在女儿表达恐惧、儿子表达愤怒时，父母更能够自如应对，反之则不然。同时，当儿子感到悲伤和焦虑时，当女儿变得愤怒时，父母更有可能视而不见。

塑造孩子行为的不仅是我们对他们情绪的反应，还有我们直接的教导。父母倾向于鼓励儿子减少“不必要的”哭泣，控制好自己的情绪，不要表现出恐惧。相反，当女儿伤心或害怕时，我们倾向于与她们讨论问题，并寻找解决方案。与此类似，父母更有可能敦促儿子通过转移注意力来应对痛苦——“别去想它”或“专心做别的事情”——同时鼓励女儿分享感受，来帮助她们缓解情绪。

这种性别化的情感法则一旦发挥生效，时间长了，就会对年轻人如何管理自己的情感产生强大的影响。正如我在办公室里了解到的那样，扎克通过沉浸于网络游戏来缓解自己对玛拉的问题的不安，我也很容易想象到，玛拉会向朋友们倾诉她与扎克之间的沟通给她造成的困惑。

同理心与攻击性方面的性别差异

性别差异不仅影响年轻人如何应对自己的感受，还影响他们如何应对其他人的情绪。不断有研究发现，青春期女孩比男孩表现出更多的同理心。

女孩更擅长想象他人的看法，并能够准确地根据面部表情解读他人的感受。在察觉到他人有需要时，女孩也比男孩更有可能尽力提供帮助。当然，我还是要强调，有很多男孩比女孩更有同理心，也有很多女孩比男孩更没有同理心。但是，平均而言，女孩比男孩表现得更有同理心。为什么会这样呢？我们有一系列的解释。

动物研究表明，一个物种的雌性在同理心方面能力更强，或许能在进化层面找到理由。从基因传播的角度来看，雌性的贡献是生育，因此它们更有可能待在家里照顾后代，而它们的雄性同伴则更有可能外出传播自己的基因。

如果你觉得这个理论过于简单化，相信我，我和你的感受是一样的。达尔文（Charles Robert Darwin）对现代人类行为的看法之所以会引起我的注意，是因为它们往往听起来不过是为男人的滥情提供理由。也就是说，我之所以在解释同理心的性别差距时引入了进化论的看法，是因为我希望对心理科学提供一个公平的说明，所以勉强克服了我对这一证据的厌恶。

幸运的是，我们还有其他解释。当孩子显得不友善时，如果是女儿，我们的教育方式更有可能是鼓励她们想象自己的行为会给其他人带来怎样的感受。如果是男孩，我们更有可能通过口头威胁或身体惩罚的方式来纠正他们的行为。有一项特别吸引人的研究观察到，父母们与孩子谈论学校生活的方式，就表明了他们希望或不希望自己的孩子为他人着想。研究人员记录了幼儿园放学后妈妈和孩子之间的谈话，发现妈妈向儿子询问更多的是与学习有关的话题，而向女儿询问更多的是她们与同学和老师的互动情况。如果说可以用“进化埋下了种子”来解释为什么女孩比男孩更有同理心，那么，我们在青春期看到的同理心的差距则更好地说明了细小的差异如何随着时间的推移被文化力量放大。换句话说，没有理由认为我们的儿子就一定比女儿更没有同理心。在培养有同理心的男孩方面，社会化肯定是一种比遗传学更强大的力量。

还有一些学者认为，女性发展出更高水平的同理心，可能是因为，在几乎所有的文化中，男性都比女性拥有更高的地位和更多的权力。对一些女性而言，接收他人的情绪线索并熟练地解读，可能是维持她们社会地位甚至是生命安全的关键。这一假设当然也有研究支持。例如，有的研究发现女性比男性更善于发现愤怒。

女孩可能为了自我保护而对情绪更敏感。这个推断的前提引出了另一个心理方面的性别差异：男孩比女孩更具攻击性。

因为工作关系，我去过很多学校。我最喜欢在课间观察青少年之间的互动。课间休息时，学生们聚集在走廊上，就必然会出现一种明显的性别行为模式。女孩们互相沟通的方式是和朋友一起走，或者互相搂着，进行深入的交谈。而男生则通过身体接触来交流。特别是当我访问男校时，看到学生们大大咧咧地相互碰撞，抓住朋友的肩膀，或者拉扯背包带，这样的行为让我非常惊讶。

这种可观察到的差异也得到了研究报告的证实。在学前教育阶段，男孩明显比女孩更有可能参与打打闹闹的游戏。男性一生都比女性展现出更强的身体攻击性，并且在15 岁左右达到高峰。鉴于 15 岁的男孩最常与朋友一起玩打闹游戏或与对手打架，人们很容易认为，睾丸激素水平的上升是男孩总想要动手的原因。虽然这种解释看似符合逻辑，但对 27 项相关研究进行的系统回顾发现，睾丸激素水平与青少年男孩的身体攻击性之间没有明确的联系。有趣的是，有一项研究确实发现青少年男孩的睾丸激素水平与冒险行为之间有联系，但与攻击性冒险行为没有联系。

如果睾丸激素不是罪魁祸首，那么一定有另外的因素对我们的儿子比女儿更具身体攻击性这一事实负责。从出生第一天起，男孩就比女孩更喜欢活动，这可能导致一些父母认为，儿子的身体特性难免会让他更有攻击性。有了这样的预设，他们可能在不知不觉中允许男孩更多地在身体活动方面越界。也就是说，研究发现，如果你不想养育一个好斗的儿子，你可以不这么做。那些具有高度同情心并受到父母密切监督的男孩往往是最没有攻击性的（可能是因为父母的教导）。就像父母可以把男孩培养成和女孩一样有同理心，他们也可以塑造儿子在攻击性方面的特征。

我们也可以从相反的方向理解这个问题。与其疑惑为什么男孩有那么强的攻击性，不如问问自己为什么女孩不会这样。在这个问题上，社会化再次发挥了重要作用。与儿子相比，父母更有可能积极劝阻女儿的愤怒或身体攻击行为。女孩的高同理心水平也发挥了重要作用。女孩肯定也想推搡、踢打同伴，但由于她们能敏锐地感知这类行为造成的伤害，所以会控制自己。

虽然男孩在身体攻击方面超过了女孩，但人们往往认为女孩通过“关系攻击”弥补了这种差异。“关系攻击”指的是诸如散布谣言、排挤或操纵他人这类残酷但是间接的策略。然而，这一假设被证明是一种误解。许多研究表明，男孩和女孩在使用“关系攻击”时旗鼓相当。男孩不仅在身体上比女孩更具攻击性，而且他们也和女孩一样会通过非身体攻击的方式做出不友好的行为。

男孩采用间接性攻击行为的频率与女孩一样，这似乎是反直觉的。尤其是，大家都会说“刻薄的女孩”，但很少这样描述男孩。而且，我们好像经常听到女孩通过说坏话和排挤来伤害同伴的感情，却很少听到男孩这样做。

那么，如何解释为什么人们认为女孩比男孩更常用“关系攻击”呢？让我们从“男孩会分散注意力，女孩会讨论”的角度来看待这个问题。假设有两个六年级学生——我们叫他们德文和艾弗莉——在学校被故意排挤，看看他们可能会有什么反应。如果午餐时德文发现，他常坐的那张桌子旁的同学不欢迎他（也许是因为一个不友善的同学造谣说德文很“恶心”），他很有可能通过“试着不去想它”来处理这种痛苦的情况。男孩们感到不安时经常这样做。他可能会另找一个地方坐下，或者干脆不吃午餐了，到图书馆去，把自己埋在书堆里。尽管德文肯定感觉很不好，但他可能会把自己的感受完全隐藏起来，甚至回家后也只字不提。在家里，他也许会寻找新的方法来分散自己的注意力，直到受伤的感觉逐渐消失。同样，他班上那些对残酷的谣言感到不安的男生，可能会在谣言出现时转移话题，比如不经意地开个玩笑，来控制自己的不安。

那么艾弗莉呢？她对同样的情况可能会有相当不同的反应。她可能会找到一个富有同情心的同学，敞开心扉，甚至是含着眼泪向她讲述自己在午餐时被排挤的经历。这位同学可能会为艾弗莉感到难过，可能会通过询问其他女孩发生了什么事来调整自己的不适。这样一来，围绕这个卑鄙的谣言及其对艾弗莉的影响，就展开了各种议论。放学后，艾弗莉可能会回家与爸爸妈妈，或者一个关心她的姐姐，谈论她这一天的悲伤经历。艾弗莉的女同学们则可能通过互相间的反复议论，或者在家与父母分享，来处理这种情况。

简而言之，同样的一件不友善的事件，发生在男孩中可能石沉大海、悄无声息，而在女孩中却会激起巨大的涟漪。从这个角度来看，我们很容易明白为什么同学和成年人可能会更多地注意到发生在女孩之间的关系攻击，即使现实情况并非如此。

女孩与愤怒

愤怒是攻击性的近亲，那么如何看待女孩与愤怒情绪的关系呢？每个有女儿的父母都知道，女孩事实上是会生气的。在青春期之前，男孩一直比女孩表达出更多的愤怒和身体攻击性。但是到了十几岁，女孩就会比男孩表达更多的愤怒，尽管她们在身体攻击性方面仍然落后于男孩。

女孩也比男孩更频繁地表现出蔑视。女孩的父母对这一点应该不会感到惊讶。女孩子往往很喜欢表达不屑。她们会说出来——使用“太初级了”“无关紧要”这类轻蔑的口头禅来给某人打上不够创新或不值得考虑的标签，或者给我们一个尖刻的面部表情。我们女儿的嘲讽能力是令人印象深刻的，不过最好别用在我们身上。

然而，研究表明，女性意识到，如果流露出愤怒情绪，她们比男性更有可能面临消极的后果。为了解年轻女性会在什么情况下表达愤怒，一项研究做了巧妙的设计。它要求男性和女性大学生参加两个被谎称不相关的实验。在第一项实验中，参与者被要求写一篇对死刑的看法的文章。他们被告知，他们的文章将由另一位实验参与者打分，好的文章可以获得现金奖励。这项实验的目的是激起半数参与者的愤怒，因此故意给他们的文章打低分，并且不管内容如何，都反馈说他们的文章“幼稚”和“不成熟”。

当一半的研究参与者气愤不已时，研究者引入了第二个实验。这项实验据称是关于口味偏好的。参与者得到了玉米片和辣酱，并要求他们决定这项新研究中的搭档吃下多少辣酱。出乎意料的是（其实是研究者编造的），参与者被告知，“经过抽签”，他们在这项实验中的搭档恰好是在第一项实验中给他们的论文打分的人！在分发辣酱前，研究人员还增加了一个剧情：一半的参与者被告知，在实验结束后会遇到他们的搭档，另一半则被告知不会遇到。

这项研究有什么发现呢？男性和女性参与者都报告说感觉到了相似程度的愤怒。此外，与那些论文成绩好的人相比，成绩不好的研究参与者分发了分量更多的辣酱（分发辣酱的量是该研究衡量愤怒表达的工具）。也许最有趣的是，参与者中，愤怒的男性给他们的实验搭档的辣酱剂量是一样的，无论他们是否认为自己会与对方见面。相比之下，愤怒的年轻女性在被告知必须与实验搭档见面时，她们给对方的辣酱较少，但在被告知不会与搭档见面时，则给的辣酱较多，分量与男性相同。

最终，实验参与者并没有与搭档见面，因为，正如研究者最终向大家解释的那样，这个搭档根本不存在。这项研究通过巧妙的方法呈现了一个重要的问题：女性知道自己很可能会因为生气而付出更高的社交代价，因此她们只在安全的情境中才会表达愤怒。

还有一点可以肯定：对于因种族主义而承受额外压力

的女孩来说，表达愤怒更加不容易。当黑人女孩生气的时候，她们往往会受到异常严厉的管束。与白人女孩相比，黑人女孩更有可能因“顶嘴”或“不淑女”而在学校受到惩罚，更有可能因被认为其有“不尊重”的行为而被逮捕。

性别与黑人青少年的成人化

对黑人女孩愤怒情绪的明显惩罚性反应，并非种族主义影响黑人青少年情感生活的唯一例子。调查（往往以白人受访者为主）表明，黑人儿童和青少年受到“成人化”的影响——他们被视为比实际年龄大。与同龄的白人相比，黑人女孩往往被认为不太需要保护、照顾、安慰或支持，黑人男孩往往被认为不具备儿童的天真，更应该受到指责。

成人化导致种族主义的性别刻板印象被进一步放大。许多研究表明，与白人同龄人相比，黑人女孩普遍被认为性欲更强，黑人男孩普遍被认为更危险。

这对黑人少女的日常生活有什么影响？在许多学校，她们比白人女孩更有可能遭到性骚扰。此外，研究表明，她们对骚扰的投诉往往被校方忽视或淡化。在调查黑人女孩对校园生活的感受时，毫不奇怪，也令人悲伤的是，在男性同龄人身边，她们无论身体还是心理上都没有安全感。而那些她们希望能提供保护的成年人，则总是不见踪影，或逃避责任。

对于黑人男孩来说，成人化以及因此被强化的性别刻板印象意味着许多人会用带有敌意的有色眼镜看待他们。一项研究对此提供了明确证据。研究人员向一群以白人为主的大学生展示了一些小学生的视频短片。片中有一些可能被看作具有攻击性的行为，例如在奔跑时踩到另一个孩子的作业，把别人的电子游戏机拿走，或在打扫教室时扔掉别的孩子的作业。短片的演员一半是黑人，一半是白人。看完小视频后，研究参与者要按照他们认为的敌意程度为这些演员打分。在每一个短片中，尽管行为完全相同，黑人男孩的评分都比白人男孩更高。黑人男孩更具有敌意或攻击性，这种刻板印象随着他们年龄的增长而增强。其他研究发现，感知年龄每增加一岁（对于黑人男孩来说，他们的感知年龄可能本来就高于他们的实际年龄），黑人男孩被视为有敌意的概率就会更高。

对于黑人男孩来说，这意味着他们在学校里被过度管束。执法部门对他们进行种族定性[1]、逮捕、拘留、起诉和使用致命武力的情况也非常多。这也意味着，许多黑人家庭往往要在他们的儿子——经常也包括女儿——还未进入青春期时就与他们进行艰难的“谈话”。为了让孩子在遇到警察或其他有权威的成年人时能做好准备，“谈话”通常会详细说明，黑人青少年即使只是做一些普通的事，比如开车或者和朋友们一起在街上走，也可能面临高风险。“谈话”的核心内容是建议年轻人如何在与警察和其他权威人士的交往中竭力保护自身安全，例如，双手放在明显位置，保持冷静，有礼貌，并回答所有问题。

作为一个抚养白人青少年的白人，我无法理解参与“谈话”这样的对话中的任何一方的复杂情感。然而，作为一名心理学家，我为黑人青少年成长过程中所承受的沉重而特殊的负担深表难过。

---

① 译者注：一种基于种族、肤色、宗教或国籍的歧视性执法行为，通常用于对犯罪嫌疑人进行筛选和调查。

精神病理学的性别差异

先回顾一下此前讨论过的内容。孩子们从出生第一天起，就因社会化而走上了两条不同的心理道路。我们允许女孩表达悲伤和恐惧，倾向于压制她们的愤怒，并培养她们在不安时谈论感受的能力。我们教男孩压制脆弱的感觉，认为他们有攻击性是正常的。并且，当他们感到痛苦时，鼓励他们通过转移注意力或寻找其他方法来克服困难。

这种情绪类型化是青少年心理障碍的基础，也是造成心理障碍性别差异的原因之一。当青少年的情绪问题开始变得严重或频发，需要进行专业干预时，不同性别就会出现两个明显不同的诊断类型。

女孩比男孩更有可能被诊断为我们所说的内化障碍，即焦虑和抑郁。男孩比女孩更有可能被诊断为外显障碍，如对立违抗型障碍或行为障碍（前者描述的是持续的愤怒行为，后者描述的是慢性不良行为）。换句话说，当遇到情绪上的痛苦时，女孩更可能心理崩溃，变得焦虑、麻木或悲伤，而男孩则倾向于发泄，并经常使自己陷入困境。

如何理解这种差别？一种方式是将其视为情绪表达的性别规则所导致的极端结果。因为我们期待并接受女孩会感到悲伤和焦虑，这些情绪往往成为她们表达所有心理痛苦的模式，包括愤怒，因为她们没有其他安全的方式来表达愤怒。为什么会这样呢？因为我们的心理防御机制会将不被接受的情绪转为自我攻击。例如，一个女孩觉得父母、老师或同学很不友好，她可能担心向外表达这种感觉会付出高昂的代价。那么，她也许会把这种情绪转变成一种令人沮丧或担忧的信念，即：有问题的其实是自己。

至于男孩，我们预期他们会比女孩更具攻击性，所以愤怒成为发泄各种不舒服的情绪的“可接受的”模式。一个极度悲伤或极度焦虑的男孩需要为他的痛苦找到一个出口，如果他认为自己不能让别人知道他很难过，那么他很可能会通过行为发泄来释放情绪。我在二十多岁的时候看到过这种表达痛苦的模式。当时我在一个住院制的精神病院工作，被分配到一个有八个青春期男孩的院区。我负责的这些男孩都来自极其困难和混乱的家庭环境，这在很大程度上解释了为什么他们的情绪问题严重到必须住院治疗。虽然他们平常也会表现出身体攻击性，但肯定会发生攻击行为的，往往是在父母或监护人的定期探访后。在探访之前和探访期间，这些男孩通常表现得特别好。在我看来，这是因为他们总是充满希望，希望探访会比以往更温暖、更慈爱，或者至少没那么多冲突。而探访结束后，男孩们往往非常伤心和失望。他们本该哭泣（这是最合理的情绪表达），但他们没有，而是通过惹恼周围的人，挑起争斗，以此来排解痛苦。

如果你担心你的孩子可能正在与抑郁症或焦虑症作斗争，请咨询心理专家。如果你的孩子经常违反规则，总是和人争吵，或伤害动物、人或损坏财产，不要认为惩罚是你最好的或唯一的选择。心理学的基本规则之一是，青少年在感觉糟糕时，就会表现得很糟糕。青少年在痛苦的时候会发怒，他们应该得到我们的同情，并在需要时获得治疗性干预。

帮助女孩处理愤怒

极端的内化障碍和外显障碍都是我们不希望青少年最终得到的结果。不分性别，所有青少年都应该能够表达全部的情绪。我们希望他们不受性别规则的影响，在恰当的时候有恰当的情绪，并学会如何有效地管理这些情绪。

对我们的儿子来说，这主要意味着帮助他们能自如地表达悲伤、恐惧、担忧和其他可能让他们感到脆弱的情绪。对于我们的女儿，这将意味着帮助她们知道如何处理愤怒。

你大概率会有很多机会帮助女儿更好地利用她的脾气，

因为家里或许是她最有可能表现脾气的地方。尽管女儿的情绪风暴可能会破坏家中的宁静，但你可以这样安慰自己：因为她在家里有安全感，所以才会表达她的恼怒。当你的女儿生气但还能节制自己时，你可以去和她谈谈是哪里出了问题——即使你就是她生气的对象。这么做有两个理由。首先，如果我们希望她认真对待自己的情绪，那么我们要做出榜样。其次，我们希望通过我们的关注来加强她“我有权表达愤怒”的意识。

还有一种情况是，你的女儿在其他地方惹人喜爱，但在家里却像只小刺猬。男孩的家长听到女孩父母说的那些女孩在家说的气话时，感到震惊。他们感慨道：男孩只是生气，女孩子有时会说一些非常伤人的话。

任何一个青少年说了残忍或刻薄的话，都应该对他们进行教育。教育他们什么呢？要告诉他们，愤怒不是问题，但他们表达愤怒的方式有问题。当孩子说得太过分时，你可以平静地回应：“我觉得你想表达的不是这个意思。你再换个说法？”或“你可能很生气，但你不能这样跟我说话。”或“你可能有你的观点，但你需要找到一个文明的方式来表达。”或“我不会这样跟你说话。你也不可以这样跟我说话”。青少年往往在听到自己大声说出来的话时，就意识到自己说得过分了。平静、坚定的指导可以使事情迅速回到正轨，并有助于避免情绪爆发。

当黑人女孩因为愤怒而坚持自己的观点，或者仅仅是为了维护自己的权利时，我们需要认真对待这样一个事实：她们往往是惩罚性种族偏见的受害者。研究发现，在K–12（从幼儿园到12年级）公立学校，尽管违反规则的比例相同，但黑人女孩被停学的可能性是白人女孩的六倍。要判断黑人女孩是否以恰当的方式表达愤怒，一定要先考虑她是否受到比白人同龄人更严格的管理。

最后，无论什么肤色，青少年都会寻找合理表达愤怒的方式，不使自己陷入困境。这是值得赞叹的。写到这里，我想到了我在临床中遇到的一个聪明而坚强的12岁女孩。在描述了她那居高临下、独断专行的社会学老师之后，她告诉我："当我无法忍受的时候，我就把手塞进口袋里，对他竖起中指。"

帮助男孩表达感受

当新冠大流行把每个人的生活搞得一团糟的时候，我不得不暂停我的旅行，不再像以往那样到学校就有关青少年心理健康和青少年发展的话题进行演讲。但教育工作者知道，他们的学生要忍受疫情造成的隔离、压力和焦虑（有时还有创伤和丧亲之痛）这些痛苦的事情。为了提供支持，一些初中和高中邀请我通过 Zoom（一款多人手机云视频会议软件），以集体会谈的方式与他们的学生见面。

不久之后，我找到了一种行之有效的方法，为青少年的情感生活打开了一个全新的视野。与学生（有时一次有两三百人）会面时，我先用 20 分钟左右从心理学角度解释压力和焦虑。我一步一步地向他们详细描述有助于缓解他们的忧虑和恐惧的策略，以及生活在极其困难的情境中时如何保护自己的心理健康。讨论了这些核心话题——并且，也许更重要的是，我让学生们感受到我能理解他们的处境——之后，我邀请他们使用聊天功能来“问我任何问题”。

在这些会面之前，我与每所学校合作设置了聊天区，确保学生的信息只有我才能看到。当他们向我提问时，我解释说我会在回答之前大声读出每个问题，但不会读出谁问了这个问题。这个程序开启了非常棒的对话。聊天区很快就充满了关于个人的具体问题。我竭力不辜负学生对我的信任，依次回答问题，提供直接的并希望是有用的答案。与此同时，出现了一个清晰的模式。女孩们在聊天中很活跃，但我经常感觉到，她们问我的是那些她们正在和别人讨论的问题。她们问如何平衡学校的要求和其他责任，问我对精神病药物的看法是什么，还有如何最好地支持一个脆弱的朋友，诸如此类。而男孩呢，他们彻底地袒露了心声。

他们聊的都是可能不会与其他人分享的话题："如何判断一个女孩是否喜欢我？""我想我可能是同性恋，但不敢告诉别人。""我的父母经常吵架，我常在夜里哭泣，不知道该怎么办。"有几次，男孩甚至在聊天中说："即使疫情结束了，我们也应该一直做这样的会面，这些问题我绝不会在同学面前提起！"

Zoom 创造的安全空间展露了许多家长都知道的事实：男孩有深厚的感情，渴望与他人建立亲密的联系。事实上，尽管文化压力想要将他们变得强硬，但男孩还是会寻求分享私人情感的方法。有的男孩会在家里表达担忧、悲伤和恐惧，或者对脾气相投的男性或女性同龄人敞开心扉，与他们建立起亲密而强大的友谊。另一些人则寻求浪漫关系，因为他们对情感联结的渴望至少与他们对身体亲密的渴望一样多。

既然男孩确实有谈论内心世界的需求，我们怎样才能创造条件，培养他们分享自己心中真实想法的能力和意愿呢？我们应该将其纳入他们的日常生活。比如，可以考虑这样一个老套但有效的策略：在每次家庭晚餐时分享各自的“玫瑰和荆棘”。具体做法是：每个家庭成员描述当天自己遇到的最好和最坏的事情。不过假如当时无心分享，也可以选择放弃。这种简单的方法有助于理解：每个人都会遇到让他们感到害怕、沮丧、悲伤和焦虑的情况，这是完全正常的。它还让你有机会为孩子做个榜样，向他展示你如何公开谈论自己的困难处境。如果青少年觉得不好意思或尴尬，那么我们完全可以承认这不过是个小游戏，但我们仍然希望他们参与。

将对痛苦话题的讨论纳入家庭生活的常规是很重要的，因为我们知道，家庭中榜样的力量会产生重大影响。一项研究发现，与白人、黑人或华裔美国同龄人相比，拉美裔男孩更有可能在进入青春期后仍能自如地表达亲密的情感。研究中的大多数拉美裔男孩是来自波多黎各或多米尼加共和国的第一或第二代移民，研究人员推测，这是因为他们的文化更重视情感表达和男女间的相互依赖。

如果我们真的希望男孩能够自如地谈论感受，他们生活中的男性就不应该把情感沟通工作留给女性。研究表明（其实我们也能预料到），母亲比父亲更有可能与孩子谈论他们的内心世界，这一发现是有道理的，因为社会化的力量使得女性特别精通情感语言。孩子们知道，如果把个人问题告诉爸爸，他们会得到解决问题的建议；但如果告诉妈妈，妈妈会帮助他们谈论这个问题带给他们的感受。不幸的是，这种模式只会越发让人觉得，讨论感情是一种女性固有的行为。

为了抵制这种成见，成年男子应该向男孩询问他们内心的想法，并就情绪进行有意义的对话。他们不必为男孩的问题提供解决方案，而应该把与一个值得信赖的人分享痛苦经历这种行为本身视为一种解决方案。确实如此。让男孩认识到谈论感情是一种正常的行为，在这个过程中，成年男子帮助男孩认识到自己的微妙复杂性和多面性，并且告诉他们：讨论情感是男孩和男人应该做的。

除了示范和鼓励表达不舒服的感受，成年人还应该注意间接表达的痛苦。那些认为必须让自己变得铁石心肠的男孩，有时会通过抱怨头痛或胃痛来让我们知道他们在情绪上的痛苦。有的时候，他们会通过生理上的烦躁或对同伴或兄弟姐妹的攻击性来表达不安的情绪。

如果你怀疑当前的情况是由不安的情绪造成的，那么要想办法核实。你可以关切地询问："你会不会觉得胃不舒服是因为有什么事让你紧张？"或者"你通常不会这样欺负弟弟，是发生了什么事吗？"试试看你能不能与孩子展开对话，了解到：这个行为不端的男孩其实是需要发泄情绪。

如果我们真的想让男孩表达悲伤、恐惧、忧虑或任何其他可能让他们感到暴露内心世界的情绪，他们生活中的成年男性（他们的父亲或者其他他们尊敬的男子）必须做出表率。我的一位关系很好的女性朋友有三个青春期的儿子，他们生活在一个大家庭，亲戚们常常相聚。我朋友的父亲是家里的老大，在家庭聚会上经常不自觉地流泪。当她的儿子们亲切地开玩笑说“看，外公在哭”，我的朋友热情地反驳说:“是的，他在哭！你们也应该哭！”

同龄人如何强化性别规则，以及我们该怎么做

进入青春期意味着孩子会花越来越多的时间与同龄人在一起，特别是在初中末期到高中前期这段时间。长期以来，人们已经观察到，在青春期，情感表达方面的性别差异会加剧：女孩变得更倾向于谈论她们的感受，而男孩则更容易通过封闭和只依靠自己来应对情感的痛苦。这在很大程度上是与同性同龄人相处时间较长的结果，同龄人在处理情感方面强化并放大了性别规范。

对女孩来说，她们在一起可能会花过多时间谈论感情。

当然，女孩们倾向于向朋友寻求支持，这样做有很多好处。不过，虽然谈论痛苦的感觉有助于缓解情绪，但也可能会变成过度反思。这就会有问题。我们将过度反思定义为持续地、重复地、毫无结果地思考一个痛苦的主题。这相当于反复刺激心中的伤口。

大量研究表明，我们的女儿比儿子更有可能过度反思，并且有女性朋友愿意和她们一起这样做。我们所说的共同反思是指对情感伤害的细致和善意的集体分析。也许最令人担忧的是，人们发现，过度反思性思维是导致青少年情绪和焦虑障碍的原因之一。当年轻人沉浸在痛苦中时，会增加患抑郁症和焦虑症的可能性。

沉湎于不舒服的感觉中，会使事情变得更糟。同样，拒绝承认情感的脆弱性也会造成问题。不幸的是，对我们的儿子来说，男孩们在彼此间积极推行一种性别化的情感准则，总结来说就是一条：不要表现出脆弱。到了一二年级，一些男孩就会因为表达烦恼或受伤害的感觉而被同伴指责为“爱哭鬼”。

再长大一些，男孩们就开始向往一种非常狭义的男子气概，摒弃任何可能被认为是女性化的东西。初中和高中的男孩都明白，如果表现出情感或身体上的痛苦，很可能会被指责为“像个女孩”，或被贴上“娘娘腔”或“基佬”

等性别歧视或恐惧同性恋的标签。在研究青春期男孩互相之间如何沟通时，我们看到了一幅以戏弄、嘲弄和推搡为主的互动图景，它强化了一种极端的男子气概，没有给情感上的脆弱留下任何存在的空间。

在女孩和男孩的情感性别规则中，最明显的差异来自哭泣这个普普通通的行为。女孩通常觉得她们可以想哭就哭。在朋友、父母、兄弟姐妹或者她们信任的成年人在场的情况下，女孩会哭泣，并且几乎不会感到任何尴尬。而对男孩来说，哭泣很快就成为禁忌。尽管在幼儿园时期，男孩可能无法阻止自己在学校哭泣。但青少年男孩告诉我，他们记得，即使在那时，自己也对哭泣感到非常羞耻。到了小学高年级，大多数男孩已经知道如何抑制哭泣的冲动，并以其他方式隐藏自己温柔的一面。到了青春期，在男孩之间，哭泣有时会被允许，但只有在最严格的条件下。一位高中生向我解释说，只有在共同面对非常严重的事情时，男孩们才可以哭泣。例如，作为一支刚刚输掉赛季最后一场比赛的球队的队员，或者哀悼同伴同学的死亡。

青少年对情绪的讨论要么太多，要么不够，因此，在情绪管理方面，可能会把同龄人推向不健康的极端。我们应该在与青少年互动时，以及从他们与朋友的关系中，留意到这一点。必要时，我们可以在家里设法对这些有害的情绪管理方式进行弥补。

关于过度反思，如果把痛苦的感觉用语言表达出来后，你的孩子会感觉好些，那么你就不用担心。但是，如果你感觉到继续讨论某个问题——无论是与你还是与同龄人——似乎只是加剧了情感的创伤，那就应该介入。当青少年开始思考心理问题时，成年人的帮助是巨大的，可以将他们引导到合适的思路上。我们可以这样对他们说："我很高兴你在谈论你的困扰，因为这通常会让你感觉好一些。但我们也可以想一些其他办法。因为有时谈论一个问题是有用的，但有时它似乎会让你感觉更糟。"

青春期的孩子们通常都会相互支持。这很好，令人钦佩，但它也可能导致青少年熬夜，牺牲自己的功课和睡眠，与痛苦中的朋友交谈或互发短信。如果你发现或担心家里出现这种情况，你就应该进行干预。首先承认你是多么尊重你的孩子对他人的奉献，但要教给他们这个规则：真正的朋友不会让朋友沉湎于痛苦。请你的孩子考虑这样一种可能性：心甘情愿并时刻准备着与朋友讨论他的烦恼，可能会使问题继续存在，使朋友无法释怀，或耽误了他寻求专业帮助。

如果孩子同意你的看法，认为某个朋友似乎陷入了过度反思的困境，那么你可以鼓励孩子找一些愉快的方式来分散对方的注意力，这也是一种提供支持的方式。“我不知道那个女孩干吗老跟你过不去，”你的孩子可以这样对朋友说，“我们周末去逛街吧，或许能让你感觉好一点。”如果你认为这位朋友需要专业的帮助，而不仅仅是同龄人的支持，你可以对你的孩子说：“你很棒，但如果我摔断了腿，我不会找你来治疗。我们都知道，你的朋友可能应该得到专业人员的支持。需要我帮你想想怎么给她提供这样的建议吗？”

有时也有这样的情况：朋友已经有了一个治疗师，但继续严重依赖你孩子的建议。那么你可以按照这样的思路提供辅导：“当你的朋友在与抑郁症对抗时，你的支持对她是件好事。但是，如果你感到无助或不知所措，你要问问她，是否把她对你说的一切都告诉了她的医生。”尽管青少年很愿意帮助对方，但他们也要认识到，设定适当的界限也是帮助身处困境的朋友的一个重要部分。

女孩最需要的可能是帮助她们与那些分享过多的朋友划清界限，而男孩的问题则完全相反。成人需要面对这样一个事实：男孩们会相互鼓励，把情感上的自立和坚毅看作他们刚刚露头的男性气质的决定性特征。我朋友的儿子上五年级，有一天这个男孩提到他的一个同学在课间休息时突然哭了起来。妈妈认为这是一个很好的谈话契机。她先是问她那善于思考、情感丰富的儿子对这种情况的看法（他说他为那孩子感到难过），然后又深入探讨了他为什么为同学感到如此难过。

结果发现，她的儿子更关注的是流泪对他的同学来说是件“尴尬”的事，并不关心是什么让他流泪。妈妈没有期待任何回应，而是借此机会告诉儿子，对于男孩不被允许在学校表达痛苦的感受，她感到非常遗憾。因为男孩和女孩一样有权利表达痛苦并获得支持。事实上，告诉我们的儿子，男孩不应该为在同龄人面前表露恐惧、悲伤、痛苦或焦虑而感到羞耻，这往往并不能让他们就放心地这样去表达。男孩敏锐地意识到“像女孩一样”行事的风险，可能不愿意放松警惕，这是可以理解的。但仍有必要向他们指出：表现出脆弱不是问题，有问题的是反对表达脆弱的那些规则。

你要留意，当你的儿子——哪怕只是开玩笑地——说另一个男孩是“胆小鬼”“妈宝”或其他类似的嘲讽的话时，或者当电视节目或电影中出现男性因为表达软弱的情绪而互相嘲笑的场景时，你可以适时表达意见，比如：“我觉得你可能知道，但我还是要说：不要取笑别人的难过。你永远不要这样做。如果你看到有人为难一个伤心的孩子，你应该安慰他，或者把另一个孩子赶跑。”

如果你在家里尝试这样做，而你孩子的回应只是耸耸肩，或者朝你翻个白眼，不要感到惊讶。没有哪个自尊心强的青少年会用“我很高兴你提出这个话题，我真的很感谢你的建议”来回应这种指导。这没关系。记住，我们的目标不是要消除随处可见的大男子主义的废话，而是要确保我们的儿子在看到这样的情况或想要加入其中时，脑子里会响起我们的声音。青少年虽然对我们的建议表示无动于衷，但仍然会听进去我们说的话。作为两个青少年的母亲，我发现如果我把他们的耸肩或翻白眼，看作一种无声的表达，告诉我“我听到了”，这样对大家都好。

骚扰的根源

到了十几岁的时候，我们的儿子和女儿往往身处两个完全不同的情感世界。女孩的世界是完整的，男孩则必须强硬。在青春期，女孩沿着一条宽阔的情绪大道行驶，而男孩则把自己限制在一条越来越窄的车道上。当男孩进入成年后，他们面临着持续的压力，要掩盖任何可能被认为是女性化或“软弱”的情感，有些人开始通过贬低女性来证明他们的男子气概。由于身为男性所获得的许多社会利益，我们很容易忽视男孩是如何被情绪性别化的期待所束缚的。虽然在自由表达感情方面，我们的女儿的情况比儿子要好，但是，当文化环境导致男孩长大后在感到受伤或没有安全感时变得不知所措，这种情况会让男孩和女孩都为此付出代价。

几年前，我花了一天时间在宾夕法尼亚州的一所私立 K–12 男女混合学校做讲座。在下午与教师开会和晚上为家长做演讲之间，我抽出时间与一位初中教师、一位高中校长和一位学校图书管理员一起吃晚餐。我们的交谈最终转向了最近发生的一件事，这件事让学校的许多学生和成年人感到困扰。图书管理员发现，一些高中男生在传阅一份电子文档，在文档中，他们对女生按照“色情度”“热辣度”和“‘可操’度”进行排名。

校长说，除了对参与的男生进行惩戒外，他还在寻找一个好的反骚扰项目，想添加到高中课程中。他说:“他们的行为已经超出了道德底线，但他们或他们的大多数同学却根本不以为然。”他想要寻求一种方法来改变厌女的行为模式，但也意识到可能无法防止类似的恶性事件。尽管如此，他补充说:“我们必须努力找到一种方法，来挑战这种对严重侮辱人格的行为习以为常的学校文化。”

我告诉他，我非常同意，但我认为高中阶段开始解决这个问题为时已晚。

我说:“男孩从六年级甚至更早就开始骚扰女孩了。”初中老师点头表示同意。“如果你想防止出现这种有辱人格的行为，你最迟需要从五年级开始着手处理。而且说实话，我们需要帮助家长在更早的时候开始。只要男孩不知道如何处理他们的不安全感，他们就会在 11 岁或更早的时候开始贬低女孩。”

当青春期男孩开始欺负女孩时，我们常常把他们的行为归咎于他们看到的电影、电视、游戏或网络媒体中的性别歧视内容。这些影响只是原因之一，但还有一个经常被我们忽视的原因：在中学阶段，男孩突然被他们的女同学大幅度地超越了。为什么会发生这种突然的——对一些男孩来说是令人震惊的——变化？因为女孩通常比男孩早两年进入青春期。女孩在发育方面的领先优势对身体和认知有很大影响。

从 11 岁到 13 岁，女孩普遍比男孩高。许多女孩可以跑得和班上的男生一样快，跳得一样高。男孩通常能比女同学投得更远、更有力（可能是练习的结果），但如果一个六年级、七年级或八年级的男孩和一个女孩赛跑，他很有可能会输。对那些开始以高大、强壮以及——最重要的——比女孩强来定义男子气概的男孩来说，自己在课间休息时的表现可能会让他们觉得丢脸。

课堂上发生的事可能会使情况变得更糟。青春期也推动了大脑的飞速发展，使初中女生在智力和认知功能方面比男生领先两年左右。从小学到初中，女生的成绩一直比男生好，她们大脑的新发展也使她们能够以越来越复杂的方式思考。除非一个男孩幸运地得以提前进入青春期，否则他很难在学校找到自信。正如一个七年级的男孩告诉我的："对男人来说，没有什么比被一个女孩打败更糟糕的了。"

因此，初中男生发现自己陷入了一场无法逃离的情感风暴。他们被女孩打得东倒西歪；他们中的许多人对所谓阳刚之气的认识，又让他们对输给女孩感到特别羞耻。不仅如此，他们还没有安全感，无法表达任何脆弱的感觉。不是所有的男孩都能很好地应对这样的处境。不幸的是，有一部分男生觉得，强大的女同学让他们显得很"软弱"，他们会试图通过贬低女生来挽回局面。

中学女生当然也会对彼此不友好，但研究表明，男生是她们的主要对手。到了六年级，男生更有可能戏弄、吓唬或想方设法地让班上的女生生气。到了七年级（甚至更早），男孩开始给他们的欺凌行为加上性的色彩，经常是通过一些粗俗的玩笑、评论或手势，有时还会动手拉扯女同学。当这种情况发生时，一些成年人关注的是男孩行为中的性元素，并把他们的骚扰仅仅看作某种笨拙或被误导的调情方式。这种认识是错误的。无论在哪个年龄段，性骚扰都与权力有关。以有辱人格的方式对待女孩的男孩，是在滥用他们的文化权力，试图抬高自己，来缓解自己的不安全感。事实上，研究表明，在欺凌事件中，往往是班里最不受欢迎的男孩欺凌最受欢迎的女孩。

这种情况无论对男孩还是女孩都是不利的。对男孩来说，试图通过贬低女孩来维持他的自尊心，这不是好事。而如果他发现贬低女孩确实让自己感觉更强大，那就更糟了。这就为这个年轻人通过攻击和性别歧视的行为来寻求自我价值奠定了基础。总而言之，他正走上我们最不希望儿子走的道路。

当然，这对女孩也不是好事。正如人们可以想象的，性骚扰会给女孩造成巨大的心理压力，并且在很大程度上导致女孩自尊心下降，这是有据可查的。

青少年与自尊心

那么，如何帮助青少年在初中阶段建立良好的自我感觉？我们不希望我们的儿子因为没有安全感而欺负女孩，我们也不希望我们的女儿因为被男孩骚扰而失去自信。最好的办法是什么？是帮助所有的青少年培养一种稳固的自我价值感。

如何培养儿童的自尊心？过去对这个话题的认识有很多问题，比如认为要事事都给奖励，或者用空洞夸赞填满孩子的生活。这些做法不是我们在这里要讨论的。真正的自我价值感并非来自告诉孩子他们多特别或多重要。相反，让青少年感觉良好的是自己能经过努力获得成就，以及做出有意义的贡献。

有的青少年在学业、运动、艺术、课外活动或工作方面表现出色，但并不是所有的青少年都能在传统环境中大放异彩，即使是那些出色的青少年也会有不顺利的时候。因此，每个年轻人都应该通过某种自己可以掌控的方式来获得良好的自我感觉。

一个可靠的保护自尊的方法是为他人服务。青少年可以照顾弟弟妹妹、照顾宠物，或者做一些对家庭有实际贡献的家务，以及定期参加更广泛的社区志愿者工作。年轻人的自我价值可能很脆弱。当一个明星运动员在比赛中表现不佳，或者一个学霸在考试中失利，他们很容易感到跌入低谷。但是，当我们的孩子让自己变得有用时，会同时获得两个好处。首先，他们的注意力被拉到外面的世界，暂时不再操心自己的麻烦和缺点。其次，他们认识到自己也能有所贡献。正如有人所说，我们感到自己有用时，往往就不会再悲伤。

除了提供服务之外，当青少年有时间追求对他们来说有意义的、重要的而不是为了分数、学分或大学申请而做的事情时，也会从中受益。我见过青少年对编织、杂耍、烹饪和方块舞很感兴趣。我认识一个十几岁的小提琴手，她在当地的青年管弦乐队演奏，但最令她自豪的是她能够为自己演奏流行歌曲。当年轻人能够按照自己的意愿努力完善某种技能或工艺时（而不是被要求或被期待这么做），他们似乎就能发展出牢固的自尊。

不过，仍然会有一些时候，我们的孩子对自己与同龄人的差距感到不满，或者希望自己的能力发展得更快一些。在这些时候，很有必要提醒年轻人：获得出色的表现需要时间，而努力和坚持会帮助他们达到目的。

为了在中学阶段保护孩子的自我价值感，我们应该努力帮助他们在小学高年级时就拥有可靠的自尊心来源。当男孩感到自己有用，并对此感觉良好时，当他们能从培养兴趣和提升能力的过程中获得乐趣时，他们就会更容易度过在学校无法跟上女孩步伐的艰难时期。女孩则需要有可靠的自尊来源，来帮助她们面对进入青春期后的一系列新的挑战。除了在学校经常受到男孩的骚扰外，女孩还难免会感受到与外表和吸引力有关的更广泛的文化压力。进入青春期时，女孩不可避免地会得到“外表比内心更重要”的评价，在这种情况下，那些明确认识到自己能做出有意义的贡献，拥有不断完善的技能的女孩，更容易有良好的自我感觉。

至于骚扰，要注意你的儿子是如何定义男子气概的，并与他讨论男子气概的具体含义。要向他明确指出：“真正的男人”不会想要取笑、欺负或贬低他人。相反，他们以得体、尊重、体贴为荣，并会毫不犹豫地保护任何被欺凌的人。对所有的孩子，我们都应该在六年级或更早的时候就与他们展开关于性骚扰的对话。可以这样说：“我也不想这么说，但是可能不久以后，有些孩子就会做一些让别人的身体不舒服的事，或者通过与性有关的言论让人难堪。如果这种情况发生在你或你的朋友身上，请告诉我。这种行为是完全错误的，我可以帮助你们。”当青少年告诉你有关骚扰的信息时，要找到最合适的方式提醒学校，并希望校方将骚扰作为欺凌行为来处理。

超越传统的性别区分

在过去的十年中，青少年对非传统性别状态的接受程度发生了巨大的变化。在许多社区，青少年对“流性人”[①]、性别非二元、无性别或变性的认同已经很普遍——在撰写本书时，这类性别认同通常被称为性别扩展。许多成年人可能还在奋力追赶这一文化上的飞跃式的变化，但年轻人往往认为这种改变没什么大不了，而且早就该如此了。

如果你的孩子有性别方面的疑问或持性别扩展态度，那么无论你自己对他们的非传统性别状态有什么看法，你的首要工作是保护孩子的身心健康。尽管接受度越来越高，但不符合传统性别类别的青少年仍然身处困境。他们可能觉得有必要牺牲对自己的真实认知，以符合传统的性别规范，或者他们可能会真诚地表达自己，但却面临质疑、羞辱、歧视、敌意，甚至有遭受身体暴力的风险。还有可能，他们发现自己处于一种长期的不确定状态，需要同时处理自己和他人对其身份的质疑。由于他们的处境，这些青少年很容易受到伤害，因此，他们使用药物、抑郁、焦虑和出现自杀的想法和行为的概率比具有传统性别的同龄人

① 译者注：指没有固定性别认同感的人

要高。

如果表达非传统性别认同的青少年需要专业支持，家长应该努力为他们联系经验丰富且敏锐的临床医生。如果青少年表示对生物干预有兴趣——如服用药物抑制青春期，接受跨性别激素治疗，或进行性别确认手术——他的家庭不必独立承担权衡这些复杂情况的压力。许多社区都有大学附属诊所，设有专门照顾性别扩展型青少年的科室。这些部门依靠由医生、心理健康专家和性别专家组成的多学科团队，在坚持以研究为基础的照护方法的同时，关注青少年的安全和福祉。如果出现挑战性的问题，父母不要犹豫，应当充分利用这些专业人士的经验和智慧。

你的第二项工作是保护你与青少年当下的关系。最好的方法是把青少年看作司机，驾驶着决定他们自己性别的车辆，同时父母把自己看作对他们充满关爱的前排乘客，在旅途中一路陪伴。青少年可能知道也可能不知道他们最终的性别方向，而作为父母，我们也无法知道或控制他们最终的方向。但在这趟旅途中，关于他们对自己的感受，以及他们与我们的关系，我们还是有很大的发言权的。

那么，我们如何与一个有性别问题或性别扩展型的青少年保持健康的关系呢？首先，不要将性别认同与性取向混淆。人们有时会错误地将表达非传统的性别认同与出柜为同性恋、双性恋或泛性恋（对所有性别都有兴趣）混为一谈。事实上，性别认同和性取向的机制是相互独立的。换句话说，人们认为自己是何种性别，与他们认为谁有性吸引力是不相关的。当青少年表达非传统的性别认同时，请记住，他们表达的是“我是谁”，而不是“我会被谁吸引”。

接下来，不要告诉他们“这只是一段时间的问题”。的确，每个人的性别认同往往会随着时间的推移而演变。一个中年女性或男性对女性化或男性化的认识可能与年轻时不一样。但是，性别认同如何、何时或是否会演变，完全是个人的事，外人无从得知。如果告诉青少年，他们对性别的疑问或者性别扩展的问题过一段时间就不存在了，这样的回答对他们来说不仅很可能是无效的，更会被认为是一种排斥和伤害。

当得知青少年有非传统的性别认同，父母应该以同情的态度做出回应，而不要仓皇作答。可以说：“我很高兴你觉得你可以告诉我这些想法。”然而，如果你感到措手不及，那么可以说：“你告诉我的事很重要。你应该能理解我需要一些时间来消化它。”这样的反馈比“你怎么会这么想”要好。同样，用“我非常关心你，担心你会被别人误解”来回应，也比“大家会怎么想”好。而告诉孩子“我们爱的是你，而不是你的性别”比“但你始终是我的儿子”要好。如果你曾经对此大惊失色，或者意识到当初说了一些现在让你很后悔的话，那么你可以也应该努力去弥补。我建议你可以这样开始：“我现在意识到，我当时的反应肯定伤害了你。我需要一些时间来思考你说的话，我需要消化的信息很多。我很抱歉，并请求你的原谅。”

这并不是说父母就不能对青少年的非传统性别认同产生怀疑、担忧、恐惧和疑虑。他们可能会对孩子的未来和安全感到焦虑，可能会因为不知道孩子未来会遭遇什么问题而感到纠结和挣扎，也可能会想知道是什么“导致”了孩子的非传统性别身份。按照传统的性别惯例，父母原本对孩子充满各种期待——比如陪着女儿走过婚礼的红毯，失去这些期待也会让父母感到悲哀，他们可能需要设法调节对孩子的爱与他们固有的假设，或者与他们的宗教或文化信仰之间的差异或矛盾。

如果孩子的性别认同使你和他们的关系紧张，请向家庭治疗师寻求咨询，他们可以帮助你保护孩子最重要的心理健康，以及与你的关系。研究发现，那些感到父母支持和肯定他们的非传统性别认同的青少年，其心理健康状况要比那些在家里感到不受支持或被拒绝的青少年好得多。父母也可以为自己寻求专业支持，因为那些能找到地方处理自己对青少年非传统性别认同的感受的人，往往可以更好地在家里维持与青少年的关系。

对于青少年来说，社会的性别规则可能会在很大程度上妨碍他们在对的时间产生对的情感，并有效管理情感。作为父母，我们需要对抗那些试图限制我们的儿子和女儿“应该”感受什么以及可以表达什么的文化期待。当然，我们的目标是帮助青少年接受他们全部的情绪体验——而青少年的情绪是复杂微妙的。因此，让我们把注意力转移到如何理解青春期常见的情绪波动上。

第3章

Chapter 3

巨大震荡：青春期如何为日常生活带来新的情感变化

■ ■ ■ ■ ■

在1月份的一个工作日，我和我的朋友瓦莱丽在我们最喜欢的一家餐馆吃午饭。那里有巨大的玻璃窗，友好的服务员，还有总是很受欢迎的咖喱鸡肉包。我们还没脱下厚厚的冬日外套，瓦莱丽就迫不及待地对我说："我差点在假期就给你发短信——但又不想在圣诞节期间打扰你。我们家的情况变得相当紧张。"

"哦，你其实随时都可以联系……那么，发生了什么事？"我问道，"大家都还好吗？"

"是的，现在看起来还好。老实说，不过……假期里，娜特情绪完全崩溃了。"

娜特，就是娜塔莉，是瓦莱丽的女儿，当时刚满13岁。我从娜特上幼儿园起就认识她，一直认为她是那种安静沉稳的孩子。她很可爱，性格内向，很有创造力。她是一个有成就的艺术家，她会想象一些奇特的生物，然后用细腻的彩色铅笔把它们画得栩栩如生。鉴于对娜特的了解，我很惊讶会听到她的妈妈说她“完全崩溃”。

“事情是从圣诞节开始的，”瓦莱丽说，“我们在家拆了礼物，然后一起去我父母家，在那里我们与我的家人，还有我姐姐的家人交换了礼物。”瓦莱丽解释说，娜特的祖父母通常会在圣诞节送她衣服，他们很乐意从瓦莱丽那里了解到娜特的喜好。

“他们给她买了一件非常可爱的毛衣和一件牛仔夹克，但我马上就能看出她很失望，非常非常失望。在祖父母家时，娜特还能勉强保持平静，但一上车，她就崩溃了。”

瓦莱丽说，娜特在回家的路上开始哭泣，并在那天的其余时间里时不时地流泪。

“她不喜欢他们挑选的衣服，但这并不是真正的问题。问题在于，她因为自己不喜欢祖父母给她的东西而生自己的气。不仅如此，她对自己如此生气而生气。老实说，这很糟糕！太可怕了！我们做什么或说什么似乎都无济于事，娜特和我们一样对她的崩溃感到奇怪。有一次，她站在客厅里反反复复地抽泣，中间还一直说她不明白为什么自己会崩溃，为什么不能振作起来。”

“这种情况持续了多长时间？”我温柔地问道。

“她在晚餐时就平静下来了，之后的一个星期，情况都很不正常。”

“后来又发生了什么？”

“和以往一样，我们计划在假期的最后一个周日把圣诞树及树上的装饰品收起来。我们会播放节日音乐，每个人都来帮忙，这一直是一段愉快的时光。但是毫无征兆地，娜特又崩溃了。她开始抽泣，这次的问题是她不希望圣诞节结束。最困难的在于——这也是我差点给你打电话的原因——她一直说她觉得自己‘像个疯子’。她明白圣诞节的结束没什么大不了的，但是她无法停止哭泣。”

“我为她感到难过，”我说，“这样的挫败感是很可怕的，对于孩子们来说，当他们不能理解发生了什么事时，就更糟糕了。我可以告诉你——你可能也应该告诉娜特——她假期的情绪崩溃是她新的笨拙的大脑造成的。”

正在经历大规模建设的大脑

心理学家将儿童和青少年的发展大致分为三个阶段。第一阶段，即幼儿期，从出生到5岁，其特点是非常情绪化，经历过这个阶段的父母对此应该十分了解。婴儿会哭闹，学步儿童爱发脾气，学龄前儿童则非常擅长权力斗争。

幼儿期之后是一个我们称之为潜伏期的阶段，从 6 岁到 10 岁。在这个阶段，正如这个名字所暗示的那样，超强的情绪处于休眠状态。潜伏期的孩子往往是情绪平稳的、随和的，而且对父母来说是非常有趣的。他们有时会过度兴奋或烦躁，但一般都能有效地管理自己的情绪——无论是靠自己还是在我们的支持下。之后，在 10 岁或 11 岁左右，当潜伏期让位于青春期时，一直处于安静状态的强烈情绪突然又咆哮着回来了。

“等一下，”你可能在想，“你的意思是，青春期从 11 岁就开始了吗？”的确，“青少年”[①] 这个词暗示着我们应该在 13 岁左右才开始会看到青春期行为。因此，当五年级或六年级的孩子突然不愿意拥抱，希望有更多的隐私，并对被称为“可爱宝贝”或任何其他以前可以接受的亲昵用语大光其火时，许多家长都非常惊讶。但是，心理学家把青春期的开始时间定在 10 岁或 11 岁，因为许多女孩和男孩在那时已经进入青春期了。甚至在青春期的外在体征变得明显之前，青少年的大脑就已经开始进行重大的生理改造。

如果青春期从 10 岁或 11 岁开始，那么会何时结束呢？

① 译者注：英文的“青少年”teens 一词，通常代指所有以“teen”结尾的数字，从 thirteen，13 开始。

答案取决于我们考量的是青春期的哪个方面。如果关注的是年轻人通常在什么时候能基本独立和自给自足，我们可能会像世界卫生组织那样，认为青春期在 19 岁左右结束。但是如果从大脑发育的角度来看，我们会说是 24 岁，因为那是从青春期开始的神经系统变化最终完成的时候。

如果能够到青少年的大脑中参观一下，我们会发现那里正在进行一项巨大的重新布线的工程。将儿童的大脑改造成成人的大脑需要增加大量的神经元——它们是负责在大脑和身体中传递信息的高度专业化的细胞。尽管大脑在每个年龄段都会产生新的神经元，但青少年形成神经元的速度是成年人的四到五倍。在青少年的大脑忙于形成新的神经元的同时，它也在减少未使用的神经元——这个过程被称为“修剪”——其速度是生命中任何其他阶段都无法相比的。

把神经元想象成接收和发送信息的电线，有助于理解在青春期的大脑中发生的另一个升级过程：增强髓鞘。就像电线外面包裹的用于绝缘的彩色塑料一样，髓鞘是一种包裹着单个神经元的脂肪性物质。髓鞘为神经元绝缘，通过这种方式加快了神经元之间用于相互交流的电脉冲的传输。到青春期结束时，大脑已经被彻底改造和升级了。增加和修剪神经元以及增强髓鞘的综合过程使青少年的大脑比以前更快、更强大、更有效。

但家长和青少年需要知道，这种重大的神经系统改造并不是在整个大脑中均匀进行的。它首先面向大脑中较低等的、属于进化过程中古老的区域，后来才面向较高等的、更复杂的区域。

最早被升级的区域之一是边缘系统。它位于大脑深处，容纳了杏仁核，一个负责评估传入信息和产生情绪的结构。之后，改造项目转移到大脑的前额叶区域，这里负责计划、决策和保持思考。虽然大脑成熟的绝大部分过程是在青少年时期完成的，但正如我前面提到的，可能直到 24 岁大脑才完成最后的转变。

当我用“笨拙”来描述娜特的大脑时，我想表达的是，正常神经系统的发育具有片面性。13 岁时，她大脑中的情感中心刚刚升级，因此能够打败相对较弱的负责思考的中心，思考中心还需要几年时间才能完全成熟。神经系统发展的不平衡导致像娜特这样的青少年很容易变得情绪极不稳定。

向瓦莱丽解释了青少年大脑的这些变化后，我安慰她：“好消息是，娜特整体的情绪力量很快就会消退。”

“真的吗？我的意思是，她才刚进入青春期，我怎么知道她的情绪崩溃不会从此变得越来越严重？”

“我可以告诉你，从研究结果和我自己的临床经验来看，情绪强度实际上在 13 岁或 14 岁左右达到顶峰，然后就开始慢慢减弱。”

“这可真是一个巨大的安慰，”瓦莱丽说，“假期里，我们都认为，娜特的青春期情绪问题才刚开始，因此我们正陷入严重的困境。知道她的情绪化可能已经达到顶峰，我很高兴。”瓦莱丽沉思了一会儿，又说：“可是，如果她的大脑要到 24 岁才能完全发育，这是否意味着未来的 11 年，她会一直像个青少年一样行事？这样可不行。”

“不是这样的。人们往往在成年之前就会变得非常成熟。他们大脑中的复杂区域一直在发展，只是比古老的情感中心稍微滞后了一些。”

我告诉瓦莱丽，当听到人们全盘否定青少年，认为他们的大脑没有完全发育时，我总会很生气。虽然在技术层面，这种认识是正确的。但是，当我们看到一些高中生创作的艺术作品、电脑程序、音乐或者英语论文时，一定会感受到，它们是大脑高度发达的人才能完成的。

“事实上，”我继续说，“到了 15 岁，娜特将能够像你我一样进行推理，前提是在情绪平稳的时候。唯一的问题是，她大脑的前额叶部分可能要到成年期才能发挥全部力量。在那之前，如果出现高度紧张的情绪反应，她的思考能力就会掉线。”

“了解这些知识真好，”瓦莱丽如释重负地说，“娜特自己听到这个消息也会很高兴。她被自己的情绪崩溃吓坏了，我相信，一旦了解了现状，她会感觉好很多。她也会很高兴知道，自己情绪失控的状态不会持续很长时间。”

“是的，”我告诉她，“不用太紧张。不过，现在她已经是个青少年了，你和她都进入了一个全新的情绪世界。”

为什么你的孩子讨厌你嚼东西的方式

几年前，我办公室的语音信箱里收到了一位名叫瑞秋的妈妈的留言，她听起来似乎已经走投无路。

“我一直在努力让我的女儿安娜同意接受治疗，”她解释说，“但她断然拒绝了。所以我想我是否可以和我丈夫一起先约你见个面。因为自从安娜上八年级后，她就把家里的生活搞得一团糟。我们不知道该怎么办，但我们需要做点什么。”

我总是很乐意与父母见面，而且我经常发现，与希望得到帮助的成年人见面，比与认定自己不需要帮助的青少年见面要有成效得多。我给瑞秋回了电话，我们安排了一个午餐的时间与他们夫妻见面。

瑞秋四十多岁，额前的黑发有一缕美丽的灰色。刚在我的办公室里坐定，她就开口了。

“我是从安娜学校的辅导员那里知道你的。我想我首先要告诉你，辅导员对我想寻求帮助这件事感到困惑。当我解释说安娜在家里非常不开心时，他开玩笑说，他不确定我们面对的是同一个女孩。他说，安娜在学校里表现非常好，善良、细心、有趣。她的老师们经常说，班里要是有10个像她这样的孩子就好了。”

“知道这一点很有帮助，”我说，“那么，家里的情况如何呢？”

瑞秋的丈夫马克插话说：“她确实是个好孩子。但她经常对我们很冷淡，很粗暴。”在他说话的时候，瑞秋缓缓地摇了摇头，半是沮丧，半是绝望。马克扶了一下眼镜，补充说：“承受这些的主要是瑞秋，安娜并不像对待妈妈那样对待我。”瑞秋点头表示完全同意。

“你能给我举个例子吗？”我问道。“当然。”瑞秋说。她想了一会儿之后才开口。

“有个例子，听起来可能是小事，但感觉很糟糕。那天我在客厅里用电脑工作，安娜在等一个朋友过来。她先是问我是否要待在客厅里，或者是否可以上楼去工作。我告诉她我不打算换地方。然后她就说，她希望我在她的朋友过来之前换件衣服，因为我穿的衣服很‘土’。我简直不敢相信——她表现得太无礼了。”

“那你做了什么？”我问。瑞秋解释说，她拒绝换衣服，也没有换地方。而作为报复，安娜在那天剩余的时间里一直对她很冷漠。

“还有一件事，”她说，“几周前，安娜开始看《大英帝国烘焙秀》，现在又重新爱上了烘焙。这是我相当擅长的事情，她小的时候我们经常一起做。有一天，我看到她在检查小苏打的有效期，于是我给她解释小苏打变质背后的化学原理。她很快就变得很生气，几乎冲我大喊：‘哦，上帝啊！妈妈，别说了！’然后冲出厨房，好像我做了什么可怕的事情。”

“我了解了，”我同情地说，“到目前为止，你都试过什么方法？”

马克说：“我们都告诉她，她的行为太过分了。但没有用。我们也对她发过火，那她就会躲进房间。最终她会出来，但当她出来时，她会表现得就像什么都没发生一样。也有很多时候，她仍然是我们记忆中的那个孩子——那个喜欢我们、喜欢和我们在一起的孩子。我们就像与‘基克尔博士和海德先生'[①] 住在一起，永远不知道从她的卧室里出来的会是谁。"

"有一天，我真是受够了，"瑞秋补充说，"我告诉她，她需要去治疗，搞清楚到底是出了什么问题。显然，这没什么用。所以我们就来了。"

根据瑞秋和马克所描述的安娜在家的状况，很明显，他们的女儿正处于我们心理学家所说的"分离—个体化"的发展阶段。虽然这个枯燥的术语在专业层面是合适的，但我总觉得它大大低估了一个身处这一艰难的特殊阶段的青少年所产生的影响。如果让我为这个发展阶段重新命名，来准确捕捉它在家庭生活中的真实表现，我可能会选择"当父母变得非常讨人嫌的阶段"或"当你的孩子无法忍受你嚼东西的方式的那几个月"之类的说法。

不管我们怎么称呼它，青春期发展的这一正常阶段对相关的成年人来说可能非常难熬，尤其是因为它往往发生在父母刚享受完与潜伏期孩子的融洽关系之后。坏消息是，这个坎坷的阶段是青春期无法避免的一部分。好一点儿的消息是，了解了像安娜这样的行为背后的原因，就更容易

① 译者注：基克尔博士和海德先生为电影《化身博士》中的角色，为一个人的两面，一善一恶。

知道如何应对。

首先，“分离—个体化”的过程先从分离开始。重建一个有别于父母的身份，是健康的青春期发展的一个必要部分。像大多数刚进入青春期的孩子一样，安娜突然地，但也非常合理地希望将自己与父母区分开来。她想建立自己的“品牌”。安娜可能对想要建立的品牌有自己的想法，但她还太年轻，她的自我仍然与父母紧密相连。这就导致了当父母的“品牌形象”与她自己憧憬的新的“品牌形象”不一致时，她会感到很恼火。对于 13 岁的安娜来说，妈妈穿着一件“傻乎乎”的外套出现在她的朋友们面前，这简直就是一场危机。这也是为什么刚进入青春期的青少年会突然厌弃父母的一些特征——我们老套的幽默，我们的爵士舞动作——这些东西不久前他们还很喜欢（或者至少不介意）。

不仅如此，“个体化”也很重要。当青少年开始塑造自己的个人品牌时，最重要的一点是：他们的品牌要与我们的品牌完全不同。我一个朋友的儿子，在 14 岁那年，几乎完全拒绝与爸爸练习接球。这位爸爸是一名天才运动员。而他的儿子在 14 岁的时候，正积极地以“高中棒球队的一名核心成员”来塑造自己的身份。因此，如果继续与爸爸一起训练，他就无法感觉到棒球运动是属于自己的。这也是为什么当瑞秋（她自己是一名熟练的烘焙师）试图为安娜“喜欢烘焙”的新身份提供支持时，反而招致了安娜的反感。

分离和个体化加在一起，对父母而言是一个双输的局面。当我们的青少年试图变得更加独立时，他们会讨厌我们身上那些与他们正在形成的品牌不相符的特质。与此同时，因为他们努力想要建立“自己的”品牌，所以当我们的某个特征与他们的新身份相匹配时，又会让他们觉得恼火。总的来说，结局就是——我们所做的一切都令人讨厌。

在向瑞秋和马克解释了这一切之后，我说：“因此，尽管安娜的行为非常令人不快，但她的表现也是她这个年龄的典型特征。换句话说，她的行为其实并不是针对你们。”

“那为什么她对我的态度比对她爸爸的态度还要恶劣呢？”瑞秋问。

“我认为，对于女孩来说，要想与妈妈分开可能会更难。她们常常觉得自己与妈妈更亲近，或者更像妈妈，所以她们必须用更大的力量推开妈妈。”

“有道理……我觉得，让情况变得如此难以接受的另一个原因是，我们曾经相处得非常好。”瑞秋难过地说。

“那我们该怎么办？”马克问，“我不能接受她这样的行为。”

“可以理解，”我说，“这样对安娜也没好处，会让她觉得自己可以随意以恶劣的态度对待别人，包括你们。我的建议是，当她不高兴的时候，尽量不要卷入冲突。”我停顿了片刻，然后问道：“对她的无理言行，如果你们不是反击，而是向她提供三种与你们互动的方式，那结果会怎么样？你可以告诉她：她应该友好一点，或者她应该礼貌地告诉你哪里出了问题，或者可以让你们知道她需要一些空间。也可以让她知道，其余的方式你们都不接受。”

“我们可以试试。”瑞秋说，“但如果我已经搞砸了呢？有一天，安娜因为一件小事冲进了她的卧室，我都不记得是什么事了。我当时非常生气，隔着紧闭的卧室门大喊‘我烦透了！’然后又因为对她大喊大叫而感到难过。”

“我理解，”我说，“你绝不是第一个对青少年发脾气的家长。我的一般原则是，当父母为自己的行为感到后悔时，最好的办法就是承认错误并道歉。我知道这听起来很老套，但你可以借此机会给安娜做个榜样，让她看到，当对自己的行为感到后悔时，该如何弥补。”

“如果她能告诉我们她感到很抱歉，那就太好了。”马克说，“另一个问题是，如果她前一秒表现得蛮不讲理，后一秒又像什么事都没发生过一样，对我们很好，我们该怎么办？我们也应该当作什么事都没发生过一样吗？”

“这是个难题。一方面，你可能想复盘她的行为，或许还希望她道歉。另一方面，当她表现得和颜悦色时，享受当下彼此的陪伴对你和对她来说也都很舒服。两种方法都可以尝试。关键是尽量不要记仇。青少年的情绪变化太快。很可能，你还在为某件事生气，但他早就忘记了。和青少年相处，越能享受当下越好。”

当我们的谈话接近尾声时，我安慰瑞秋和马克，时间也会帮他们的忙。青少年努力培养自己初露头角的个人品牌，主要的方式是投身于他们感兴趣的事。青少年会热衷于学校的某个科目、体育运动、艺术才能，投身各种社团和活动，或者想要寻找赚钱的方法。

随着青少年发展出自己的兴趣和技能，他们的独立身份逐渐成形，并得到充实，慢慢形成了独立于父母的意识。这时候，他们就会觉得我们没那么令人尴尬，更倾向于把我们的“奇怪行为”看作我们自己品牌的问题，而不是他们的问题。一旦青少年能有充分的时间对自己的新身份建立起真正的主人翁意识，一旦他们巩固了自己作为业余面包师、棒球新秀或其他任何身份的意识，他们就可以重新与我们分享这些兴趣爱好，而不会觉得这损害了他们辛辛苦苦建立起来的品牌身份。

总之，十三四岁对于青少年和他们的父母来说都是特别艰难的时期。青少年笨拙的大脑导致情绪容易大起大落，偏偏这时期他们又要经历“分离—个体化”的过程。这种情况谁都会觉得艰难。虽然随着年龄的增长，青少年的情绪控制能力通常会增强，也不再觉得父母个性和习惯会冒犯到自己，但这并不意味着家里就会平静下来。

摩擦加剧，以及如何应对

当孩子们还小的时候，他们几乎总是以我们为榜样。但进入青春期之后，在新发展的神经系统的帮助下，他们开始发现我们的缺点。不仅如此，青少年常见的想要与我们分离的动力也迫使他们从一个全新的角度来看待我们。过去，他们会毫不怀疑地接受我们，而现在，他们会对我们品头论足。这一点在我自己的家里也得到了印证。一直以来，我都会制定一些我信奉的家规，但自己并不总能遵守，比如不把手机带到餐桌上。我也不喜欢以内疚为手段来达到自己的目的。但到我的女儿们十几岁时，她们开始说我是个“彻头彻尾的伪君子”，或者当我发表一些消极的反对言论时，她们会嬉皮笑脸地反驳说：“把行李拿出来，我们将要踏上内疚之旅！”

青少年其实对自己的父母了如指掌。有时我在想，他们真的有必要逐条列举我的不完美之处吗？有时是大张旗鼓地这样做，偶尔还带着怒气。作为一个母亲，我肯定会觉得类似的批评难以接受。但作为一名心理学家，我能够理解背后的原因：当青少年开始为离开家做准备的时候，他们就会敏锐地觉察到我们的缺点。有意无意地，他们意识到：他们生活在我们的屋檐下，让我们有机会做更好的父母，这样的时间已经不多了。

这对青少年来说是个大问题。虽然他们也能从家庭以外的成年人那里得到有力的支持，但他们非常清楚，我们是他们唯一的父母。理想情况下，随着时间的推移，我们的孩子会像大多数人一样，接受“没有理想的父母”这个事实，并想办法接受我们的不完美。但是，既然现在还住在家里，我们的青少年为什么不设法改善自己面对的家教情况呢？

多年前，我曾为一位成功而专横的商人的儿子提供帮助。这个十几岁的男孩和父亲经常发生冲突，因为父亲的养育风格延续了工作时一贯的控制型的管理风格。儿子当然不愿意父亲事无巨细地试图管控他的学习，他会愤怒地要求父亲放手，相信他能做好自己的事。他的确能做好。但父亲却认为，儿子拒绝他的正确指导是愚蠢的。我赞同男孩的意见，但这不是重点。

“我觉得你之所以和爸爸吵架，”我说，“是因为你希望，只要你指出他做错了什么，他就会改变。”

“是啊，也许是这样。”他说。

“不过，到目前为止，你的愿望并没有实现。目前我认为你有这样几种选择：你可以继续和他争吵，希望他能改变；或者我们可以邀请他来参加我们的治疗，让我来解决这个问题；再或者，我们可以想办法，让你能够忍耐他的专横作风，直到你毕业。”

男孩选择了第三个方案。我们的治疗方向转为帮助他不要过于在意父亲的掌控欲——事实上，他父亲也用同样的方式对待自己的哥哥姐姐——并让他看到父亲的行为虽然让人很不舒服，但却是出于爱。随着时间的推移，男孩放弃了期望——期望父亲能够更加尊重他，承认他确实是一个有头脑、有能力的学生。不再执着于这个期望，反而让他更容易享受与父亲关系中好的一面，比如他们对钓鱼的共同兴趣。男孩仍然时不时会与父亲发生冲突，但这样做是因为他觉得无望的斗争比忍气吞声更容易接受。

我可以提供一个个人建议：当孩子指出你的缺点时，尽量保持开放的心态。根据我的经验，青少年对成年人的描述往往非常准确。如果我们能容忍他们的反馈，青少年甚至能帮助我们成长。如果你想知道来自孩子的批评是否可靠，可以找一位和善且有洞察力的朋友，听听他作为第三方的意见。你的孩子可能会告诉你一些值得努力改善的事情，即使他们的态度并不十分友善。

我仍然在努力改善我的虚伪和消极反抗的问题。但我认为，为人父母，尤其是作为青少年的父母，对我的个性而言是件大好事。举个例子：多亏了女儿们的反馈，我现在在家里放松多了，以往我总是对家里的整洁程度十分在意，特别焦虑。而且，你可能也和我一样注意到，在有关社会公平和包容的话题上，青少年也往往比我们领先很多步，并能很快指出我们的盲区或狭隘的想法。青少年希望我们成为最好的自己，我们也应该这样做。

导致青春期的孩子总是与家人产生摩擦的还有另一个原因：在这个年龄段，他们自然地希望变得更加独立，因此挑战我们的权威。青少年会想做一些我们不愿意让他们做的事情。比如他们想去朋友家玩，而我们凭经验就知道，朋友家的欢乐时光往往会失控。他们也会拒绝做我们想要他们做的事，比如不要把衣服扔在卧室地板上。与青少年发生冲突是件令人不快的事，但我更担心的，反而是青少年与家长之间没有摩擦。如果每个人都做了自己该做的事，那么情况应该是：青少年会想从父母那里得到自由和灵活性，而父母则会对他们有所限制，拒绝他们的一些要求，并执行合理的规则。如果你发现自己生活在这种紧张关系中，请放心，这恰好意味着一切正常。

有时，父母和青少年会争吵不休。青少年坚信，即使朋友家的聚会变得失控，自己也完全能应付，但父母可能同样坚信，参加这样的聚会不是什么好主意。或者，青少年可能会觉得，自己就愿意把衣服扔在地板上，这与父母无关。但父母——衣服是他们买的，房租是他们付的——却不这么认为。虽然我们不希望与青少年发生冲突，但这样的争执在所难免，我们可以把它们看作教导青少年如何处理冲突的宝贵机会。事实上，研究表明，如果能在家里学会用健康的方式解决分歧，这会有助于青少年的全面发展，并改善他们处理人际关系的方式。

我们的目标不应该设定为避免冲突，而是尽可能从冲突中得到建设性的收获。建设性冲突的特点是大家都能尝试从对方的角度来看待问题。如果一个青少年试着去想象为什么妈妈不希望她待在那个嘈杂喧闹的地方，如果她的妈妈能试着去想象为什么女儿认为这样做没什么问题，那么僵局通常是可以避免的。

重要的是，推导他人想法的能力在青春期会有显著提升。青春期的大脑正在经历重大的更新重建，其结果之一就是同理心的发展。女孩的青春期开始得比较早，因此她们这方面的能力往往领先于男孩。我们的女儿到13岁左右，洞察力就会明显增强，而我们的儿子则要到15岁左右才会在这方面有进展。

如果你发现自己与青少年意见不合，看看是否能利用青少年不断增长的认知能力来缓和僵局。你可以这样说："要么我们这样做吧。我试着从你的角度来描述情况。等我说完了，你来告诉我我忽略了什么，哪里说得不合理。"尽你所能，阐述你认为孩子是如何看待这种情况的，然后虚心接受反馈意见——关于你遗漏了什么，或说错了什么。当孩子听到父母说："我想知道你是否能感觉到，你已经赢得了我们的信任，我们应该相信你，即使置身于情况失控的房间里，你也能做出正确的选择。"或者"我们知道你很忙。你是不是觉得，房间乱一点也没什么大不了的，因为你在忙着处理其他的事情？"你应该能想象得到，这样的沟通会对孩子产生巨大的影响。

然后，请你的孩子也这样做。如果轮到你的时候，你能诚恳地敞开心扉，那么孩子很可能也会以同样的方式回报你。他们也许会说："我知道你只是希望我安全，所以当我和一帮疯闹的孩子在一起时，你会很害怕。"或者，"当我的衣服扔得满地都是，可能会让你觉得我不珍惜你给我买的好东西”。用自己的语言来表达与自己相左的观点，这样做很容易赢得同情。花时间思考并阐述孩子的立场，有助于我们对他们的想法产生共鸣。当你的孩子也这样做时，也会帮助他们对你的看法产生共鸣。理解对方的立场，有助于将注意力从意见分歧者身上转移问题本身。描述对方立场的做法，并没有解决所有争端的魔力，但在大多数情况下，这样做总是会让问题变得更容易解决。

青少年爱冒险，如何确保他们的安全

如果你觉得养育青少年压力很大，那么你的感受与研究结论是一致的。一项研究表明，养育青少年比照顾五岁以下的孩子对父母在情感上的要求更高。回想一下本章的内容，我们就不难理解其中的原因了。年轻人笨拙的大脑让他们很容易崩溃，他们想要建立自己品牌的动力让他们对我们的一切，包括呼吸的方式都感到厌烦，他们想要改造我们，或想变得更加独立，所以他们指责我们的缺点，无视我们的规则。这些都会让父母感觉筋疲力尽。但这还只是一半。除此之外，父母还经常担心他们的青少年爱冒风险。

这种担忧并非毫无道理。由于大脑正在进行大规模的改造工程，青少年比儿童和成年人都更容易被新奇的、令人兴奋的经历所吸引。青春期的孩子多巴胺分泌增加。多巴胺是一种与积极情绪有关的天然化学物质，大量的多巴胺使得新奇和高度刺激的体验对青少年来说显得特别愉快，充满诱惑。虽然青少年对刺激的渴望极速增长，但他们抑制冲动的能力却发展缓慢。我们之所以看到青少年的冒险行为激增，部分原因就在于，从神经学的角度来看，青少年可能只知道加油，却不懂得刹车。

难怪养育青少年的压力如此之大！

尽管青少年的神经系统很脆弱，但父母仍然可以做很多事情来帮助他们远离危险。回想第1章中关于冷认知和热认知的内容，我们可以利用青少年在“冷”情境中的理性思维能力，与他们一起制定策略，让他们知道如何应对身处社会和情绪的“热”情境中时可能出现的风险。例如，晚饭时孩子提到她打算和朋友们一起去听音乐会，那么就可以利用这个时间让他设想一下可能出现的棘手情况，并大致勾勒出应对计划。

还有一个同样重要的认识是，关于冒险，外部环境对青少年的影响要大于他们大脑内部的影响。对世界各地青少年的对比研究发现，尽管所有青少年都有相同的爱冒风险的神经系统，但他们的冒险行为（如尝试酗酒）却差异很大。这种差异在很大程度上与当地的社会规范及可能接触到的风险种类有关。这个结论给我的启示是：虽然你可能无法控制所在社区的习俗，但确保青少年得到适当的监督，并限制他们做危险事情的动机，就能对他们的安全产生实质性的影响。

研究还表明，为青少年的行为设定高标准对他们大有裨益。如果父母假设青少年会行为不端，他们反而往往不会这么做。相比之下，如果父母能坦诚地与青少年谈论他们可能面临的风险，阐明并执行合理的行为准则，那么青少年就不太可能做出诸如鲁莽驾驶、酗酒、尝试非法药物或进行无保护的性行为这类事情。因此，成年人应该让我们的青少年知道，我们信任他们，我们可以随时与他们讨论他们可能遇到的危险。此外，在开车、接触酒精，以及考虑发生性行为这些问题上，父母对孩子的行为应该有明确的规定或期望。想让这类沟通发挥最佳效果，其出发点往往不应该是我们要求孩子怎么做，而是孩子觉得怎样做对自己最有利，比如如何在学习或兴趣爱好上得到最好的发展，或者至少为未来着想，不要在学业或者法律记录方面留下污点。

与此同时，我们还应该与青少年一起制订应急计划，以防止他们可能会遭遇失控的情境。有些成年人可能会担心，既然说了“我不希望你在聚会上喝酒”，那么又说“如果你因为喝酒而遇到麻烦，我会来帮你”，会不会传递了含混不清的信息。我认为不会。青少年的天性决定了，他们有可能会陷入意想不到的危险境地。孩子们能意识到这一点，如果我们明确表示自己也意识到了这一点，就更有可能保持沟通渠道的畅通。“我希望你不要酗酒，”你可以这样说，“但现实一些来说，我也知道你可能会犯错。没有什么比你的安全更重要。确保安全最简单的方法就是不要喝醉。但如果你做不到这一点，那么我会保护你。”

我坚定地认为，任何关于冒险行为的讨论都应该以安全为核心。当然，我们有充分的理由从道德层面与青少年讨论我们认为哪些行为是正确的，以及他们可能触犯什么法律。但是，青少年也许并不认同我们的道德立场，或者认为有关饮酒的法律是无稽之谈，或者觉得自己根本不可能被抓到。监督固然可以保证青少年的安全，但我们不可能时时刻刻看着他们（而且从成长角度考虑，这样做也是不合适的）。所以把重点放在安全上，才是正解。我们爱我们的青少年，他们的冒险行为让我们担心，并不是因为那样做“不对”，而是因为很危险。为了让他们明白这一点，可以这样说：“如果你身处险境，我希望你先考虑自己会不会受伤害，而不是会不会被抓住……”接下来，再向孩子阐明：在任何情况下，他们都可以毫不犹豫地向你求助。

最后一点，青少年神经发育的特点就是要寻求刺激。成年人应该尊重这一事实，允许他们有一些（也许是精心挑选的）机会来满足他们突破边界的需求。我青少年时期那些与滑雪有关的经历并非明智的做法，但和高中同学一起滑雪的那些日子却是我成长过程中的理想时光。16 岁那年，我用打工赚来的 900 美元给自己买了一辆车。周六一大早，我就开着那辆白色的大众柴油车去接我的朋友们。我们会在杂货店买好打折的缆车票，然后开车一个半小时，前往我们最喜欢的山峰。这一路路况复杂，充满挑战。我们会兴高采烈地高唱我们最喜欢的混音磁带中少儿不宜的歌词。我们整天都在寻找能挑战我们驾驶技术的斜坡，只有在乘坐缆车的时候才休息一会儿，坐下来吃装在外套兜里的三明治。一天下来，我们筋疲力尽，但冒险、挑战极限和寻求刺激的需求得到了彻底满足。

青少年的天性就是寻求新鲜刺激的体验。那就让他们这样做吧。有些孩子会和他们的朋友专门到不熟悉的地方去买便宜的东西，有些孩子会练习越来越刺激的滑板技巧，或者参加露营、远足、登山、水上运动等活动。我无法向你保证，让青少年参与那些令成人心惊肉跳的活动，就能避免他们犯下大错。但我可以肯定地告诉你，大多数青少年都需要满足他们对刺激的渴望，并会以各种方式去尝试。我们无法改变青少年冒险的欲望，但我们可以努力保持沟通渠道的畅通，让他们知道哪些越界行为是我们可以接受的，哪些是我们不能接受的。

开启网络生活

青少年天生就会被数字技术所提供的一切所吸引，因为数字技术让他们能通过一种新的方式来与同龄人建立联系，让他们感到自己是独立的。而且——如果他们愿意的话，还让他们有机会尽情放纵。那么多令人担忧的头条新闻，甚至还有专门的国会听证会，都暗示着数字世界的活动会对青少年造成伤害，家长们自然会担心上网会影响青少年的情感健康。有什么影响呢？事实上，这个问题还没有定论。一些研究表明，手机使用的增加与青少年心理健康问题有关。而另一些研究则不支持这一绝对化的结论。还有一些研究表明，数字技术实际上有助于提升青少年的整体幸福感。

为什么会有这种模棱两可的结论？因为大部分关于青

少年和数字技术的研究都是相关性研究。也就是说，研究可以确定技术使用与青少年情绪之间有关联，但无法证明其中一方的变化导致了另一方的改变。手机使用与青少年抑郁之间的相关性可能意味着，花大量时间使用手机的青少年更有可能抑郁，但也可能是抑郁的青少年更倾向于把大量时间花在刷手机上，或者，还有第三个因素（例如全球流行病）导致青少年花更多时间使用手机，以及变得更加抑郁。

不过，我们仍然有理由认为，对大多数青少年来说，上网有利有弊。青少年利用短信和社交媒体平台建立有意义的联系，培养友谊，享受无伤大雅的娱乐。同样，许多青少年也会发现，数字技术会浪费时间，导致不友善行为、形成社交攀比以及接触令人不安的内容。根据我的经验，青少年会坦率地承认，他们对数字技术在生活中的地位感到喜忧参半。一个女孩就对我说："我爱我的手机。我也恨它。"

那么，我们该如何帮助青少年尽量减少网络生活的负面影响呢？没错，发短信、分享内容和评论他人的帖子似乎能提升青少年的幸福感，但无意识地不断刷新内容很可能会造成情绪上的不适。在与一群高中三年级学生讨论这个问题时，我分享说，我觉得上网就像在玩老虎机。有时我会发现一些有趣或令人愉快的东西，有时会看到让我心烦意乱的帖子或标题。我经常不停地下拉网页，其实也不知道自己想找什么，最后却因为浪费了时间而感到沮丧。这些青少年说，他们也有同样的感受。共同的体验让我们进行了丰富的交流，探讨了我们为什么要上网，以及上网是不是满足我们与人联系、放松消遣或获取信息的需求的最佳方式。

这次谈话进行得很顺利，但当成年人试图对青少年的上网行为进行评价时，他们往往会立刻变得警觉。他们是有道理的。作为青少年的父母，没有谁从小就用过网络设备。无论我们现在多么沉迷于自己的手机或电脑，我们都无法像年轻人那样使用技术。青少年会愿意听取我们关于如何处理与新技术的关系的建议吗？那你可以想想，我们在办理抵押贷款时是否会接受他们的指导。

在网络方面，可以多提问，但不要一下子问太多。（“你的问题太多了！！！”是我的孩子对我最大的抱怨）。逐渐尝试了解孩子上网时哪些经历最愉快，哪些因素令人讨厌、沮丧或不安。问问孩子会做些什么事来让上网的体验变得积极。如果你本人就是一个狂热的网络用户，可以跟孩子坦诚地谈谈你是如何应对同样的挑战的。

还能做些什么来尽量减少虚拟世界的危害呢？可以帮

助青少年了解网络内容“算法驱动”的本质。青少年并不总是能意识到，他们的在线体验在很大程度上是由他们搜索或“喜欢”的内容决定的。任何人只要搜索某个特定的主题，或浏览与某个特定主题相关的帖子，媒体平台背后的算法就会开始推送给我们海量的类似内容，以牢牢吸引我们的注意力。如果青少年只是搜索手工艺制作方法、体育新闻、流行舞蹈视频或搞笑视频，那么可能没什么问题。但如果青少年对白人至上主义、阴谋论或节食产生好奇，这就会成为一个大问题。青少年有时会掉进可怕或危险的数字兔子洞。这并非偶然，网络媒体就是为了把用户拉进兔子洞而设计的。

坦诚地与青少年谈论数字平台的设计具有操纵性这一事实。青少年已经在某种程度上意识到了这一点，他们形容社交媒体应用程序有很多“面”——意思是算法会向不同用户推送不同内容。青少年的天性是崇尚自主，不喜欢被成年人摆布。你可以利用这一点，向青少年指出：“网络平台的目标只有一个——让你尽可能长时间地参与其中。他们收集你感兴趣的数据，并决定你看到的内容——无论对你是否有好处。”

对青少年上网的行为我们应该给予多少关注呢？你最了解你的孩子。如果你相信算法不会让你的孩子变得更好，那就跟着你的直觉走，直到你有理由不这么做。如果你担心你的孩子会陷入有问题的兔子洞，请制订一个监督计划。你可以登录孩子的媒体账户，或者找一个值得信赖的哥哥姐姐或表兄妹来做这项工作。如果孩子不同意，你可以征求他们的意见，以开放的心态对待他们的建议，帮助他们远离有害的网络内容。

合理利用高科技

高科技的使用是否健康？这并不仅仅与青少年使用技术的方式以及他们在看什么内容有关，还关系到科技在他们的生活中占据了多大的空间。以下是一些关键的基本原则：第一次让青少年接触数字设备时，不要操之过急。大多数青少年其实只是需要能发短信，以便与朋友联系。如果你决定允许他们使用社交媒体，必须确保你有权密切监控他们的活动（至少在刚开始的时候），并限制他们在网上社交的时间。不必犹豫，必须从开始就制定严格的规则。青少年通常非常渴望展开他们的虚拟生活，因此只要能获得许可，他们会同意严格的规矩。你也可以限制使用设备的时间和地点，但自己也要遵守同样的规定。首先，不妨考虑约定在用餐、短途乘车和家庭活动中不使用高科技设备。

我还坚信，数字技术不应该出现在任何人的卧室里，尤其是不能过夜。虽然有些青少年需要在房间里做作业，但一旦到了睡觉时间，他们就应该在其他地方给笔记本电脑、手机和其他数码产品充电。我知道这看起来过于严苛，但请听我解释。首先，有大规模调查的明确证据表明，晚间，卧室里的数字设备会影响睡眠，而大多数青少年本身就非常缺乏睡眠。其次，在我看来，无论白天还是晚上，关起门来使用设备都会招致麻烦。当青少年坐在厨房或小书房里时，他们一定会在网络上涉足危险的领域，但如果我们随时可以经过他们身边，这种可能性就会降低。最后，青少年在熬夜时很容易犯愚蠢或破坏性的错误，因为那时他们的神经系统制动器已经很疲惫了。为什么要允许你的孩子在凌晨一点因为一时冲动犯下影响深远的错误呢？

另一个重要的问题是色情。几年前，我受邀为社区内一所天主教学校的家长们做一次演讲。因为我的演讲将包括有关性问题的指导，所以，在演讲之前，我联系了教区的牧师。有关性的话题是正常的，但大家对此很敏感也完全能理解。作为牧师的受邀者，我想确保他能接受我阐述这个话题时的坦率态度。我向他介绍说，我鼓励并会指导成年人在性和恋爱关系方面为年轻人提供建议。他的回应是:“好啊，这些都应该说出来。另外，我还需要你谈谈色情问题。”注意到我的惊讶，他解释说:“我听过很多高中男生的忏悔，你不会相信他们中有多少人告诉我，他们在网上看色情片到深夜。他们对此感到恐惧，但又控制不了自己。”

这一点我能理解。网络色情非常容易获取，93% 的男孩和 62% 的女孩在 17 岁之前就接触过网络色情。如果你对数字色情制品不熟悉，那么你得知道，其中充斥着大量原始的、非常具有视觉冲击力的、以暴力和堕落为主题的内容。即使是黑暗和令人不安的色情内容，也非常有挑逗性。所以我很容易想象到，忏悔室里的男孩们对他们所看到的内容会既感到可怕却又无法抗拒。当然，让科技远离青少年的卧室并不能从根本上解决色情问题。但是，不让青少年整晚都能接触网络设备，他们就不会因为那些令他们非常不安的内容而失控。限制青少年接触色情内容还可以保护他们在现实生活中享受亲密的身体接触的能力，研究表明，观看色情内容可能会损害这种能力。

同伴关系，或许与爱情有关，或许无关

青春期的到来也带来了爱情生活的可能性。如何在这个奇怪的新领域找到方向？这个念头会让许多年轻人感到紧张。在这一点上，父母可以帮忙，帮助青少年平复紧张情绪，最重要的是向他们介绍什么是健康的恋爱关系。要关注青少年何时将爱情的话题摆上桌面，他们也许会直接问你关于约会的问题，但更大的可能是想看一部煽情的爱情喜剧，或者提到朋友现在有了“正式的女朋友”。利用这些时机，让他们明白，最健康的恋爱关系是以真正的友谊为基础，再加上充沛的亲密的情感。这种解释能让青少年感觉回到了熟悉的领域，可以帮助他们以最好的方式开始自己的爱情生活。

如果想要进一步深谈，你们可以具体谈谈什么是良好的人际关系，无论是友情还是恋情。健康的人际关系是平等、友善和愉快的；不健康的人际关系则是一边倒、苛刻或压力重重的。更重要的是，健康的人际关系让人感觉良好，温暖而充满活力，能激发出我们个性中最美好的一面。相比之下，不健康的人际关系会让我们感到焦虑、不安，或者让我们自己最不喜欢的特质浮出水面。健康的恋爱关系和健康的友谊之间的相似之处一经阐述其实非常显而易

见，但青少年往往需要成年人帮他们指出来。

汤姆在他上大三那年春天，再次联系我。他是我之前提到过的那个演奏双簧管的孩子，为自己选择了一所离家很近的大学。汤姆问我是否可以安排一次线上会面。我已经好久没有汤姆的消息了。最后一次联系是在他大二的时候，我在杂货店偶遇他的妈妈，她告诉我他过得很好。我们找了个时间通了电话。汤姆说，学校生活依然很愉快，但他与大学里一位年轻女生的关系却让他很困扰。

汤姆解释说:“我不知道该怎么理解这个情况，也不知道该怎么办。大多数时候，她很有趣，也很支持我，但她会频繁地失联，而且持续好几天。”他说，他们是通过朋友介绍认识的，已经约会了好几个月。“本来什么都好好的，但突然就联系不上她了，我也不知道我做错了什么。”

“你问过她吗？”

“问过。”他说，“当我给她发短信却没有收到回复时，我会问她是否一切都好。然后她会告诉我她在生我的气，但不说为什么。”

“那你会怎么办？”我问。

“我就先不管她。之后她又会主动联系我，说想跟我一起学习。她会表现得很正常，并且不想谈论发生了什么。”

“那你告诉过她这样让你很困扰吗？”

“是的，”他说，“我花了很长时间给她写了一条短信，说我喜欢她，但我希望在关系不好的时候我们能够谈谈。她装作没看见，继续我行我素。”

“你想继续这段关系吗？你感觉还好吗？”

“还行吧。关系好的时候，我真的很喜欢她。但当我搞不清楚发生了什么的时候，感觉超级不舒服。”

“我们这样来思考这个问题。”我说，“假如是你的朋友有这种行为，你会怎么做？”

“这会让我很困扰。我可能不会小题大做，但我也不会再试图保持这份友谊。我会找其他人一起玩。”

“那我觉得你也应该用同样的标准来考量你和这个女孩的关系。关系就是关系。同样的事，如果是朋友你不能忍受，那么和你约会的人，你也不该忍受。”

“我知道了。”汤姆说，“但我也知道，如果是情侣关系，有时会很复杂。”

“确实如此。任何亲密关系都会有冲突。但冲突也有好坏之分。如果人们能够坦诚、尊重地讨论问题，就是好的冲突。当出现指责、攻击、回避时，或与关系之外的人讨论问题，而不是在关系中解决问题时，就是不好的冲突。”

“一切都好的时候，相处很容易。”我补充道，“真正衡量一段友谊或恋情的标准是，当事情变得坎坷时会发生什么。看起来你已经做得很好了，你在努力寻求一种健康的方式来解决问题，但听起来她并不能满足你的要求。”

“是的，就是这种感觉。那你觉得我该怎么做？”

“这要由你来决定。”我说，“但是当涉及我们可以选择的关系时——和谁做朋友，跟谁约会时，我支持对两者都用高标准来要求。我觉得你不会这样对待任何人，所以你也不想在一段关系中受到这样的对待。”

一周之后，汤姆和我再次联络。在那次谈话中，他告诉我他又做了一次努力，想和女友谈谈她对他忽冷忽热的态度。

“我一无所获，”他说，“她在电话里一直说她不想谈这个，然后试图转移话题。”

“那你怎么做？”

“我当时什么也没做。但我真的很沮丧，所以我给她发了一条短信说，如果我们不能谈谈我们之间的问题，我们也许就不应该再约会。从那以后，我再也没有她的消息了。”

“你们分手了吗？”我问。

“我想是的。我感觉很不好。我真希望不是通过一个短信就结束了。”

“你什么时候能再见到她？”

汤姆停顿了一会儿才回答："我们的一些朋友马上要开派对了，所以我可能会在那里见到她。"

"如果之前你没有收到她的回信，也许你可以在见到她时说点什么——比如你希望事情能以更好的方式结束——并为你发短信表示歉意，这些话也许最好留到见面时说。"

"我可以。但那样会很尴尬。"

"是的，可能会。"我说，"但如果你能为让你感到不舒服的部分道歉，你可能会好受些。"

汤姆同意了，我们约好几周后见面，在那次见面中，我得知他在派对上见过他的前女友，他们简短地聊了几句。

"我告诉她我很难过，我们没有真正把事情解决好。她说她也很难过。我想我们俩都还好吧。我很高兴一切都结束了。我不再像以前那样总是担心。我确实需要提醒自己：既然我不会维持一段让我感觉如此不安的友谊，那么我也不应该试图挽留一个让我感觉如此不安的女朋友。"

要告诉青少年，健康的恋情就是健康的朋友关系加上身体上的亲密接触，这个说法可能会让他们觉得古板甚至过时。但请坚持你的观点。每当青少年告诉我现在流行不投入感情的一夜情或"互惠的朋友"关系时，我都会提出几个关键点来反驳他们。

首先，我让他们知道，尽管媒体大肆炒作，但随意的性关系实际上并非常态。调查数据显示，大多数青少年的性行为并不随意，而且大多数青少年更希望在有意义的关系中发生性行为，而不是一时兴起。其次，我让他们知道，我理解，当一种关系中结合了身体和情感的亲密关系，会给人强烈的冲击。我也承认，让自己置身于这样一种脆弱的境地，会让一些人有所警惕，因此他们试图把情感亲密和身体亲密分开。但实际情况往往并非如此。“互惠的朋友”的关系往往不会像人们希望的那样顺利，因为我们中很少有人能在不牵扯感情的情况下与某人亲热或发生性关系。最后，当亲密的性关系发生在相互关心、相互联结的关系中时，就更容易对“谁想怎么做”进行沟通，并避免非自愿的行为。是的，青少年有时可能会坚持认为这种观点是过时的。但我也知道，当青少年认识到，浪漫的感情并没有消亡，他们已经知道如何拥有一段美好的友谊，因此也将获得美好的恋情，了解这些会带给他们莫大的安慰。

实际上，青少年感情生活的情况千差万别。有些人最终建立了牢固的关系，其亲密程度不亚于任何婚姻。也有的人约会过几次，但并没有维持认真的关系。有些人甚至到高中毕业都没有和同龄人暗送秋波。那么，如果一个青少年出于这样或那样的原因尚未进入这个阶段，那你该如何和他谈论健康的爱情生活呢？再次强调，要把关注点放在青少年友谊的质量上。

一项颇有洞见的研究发现，为成年后幸福的恋爱生活奠定基础的，并不是青春期约会的经历，而是青少年在非恋爱关系中的经历。研究人员跟踪调查一群年轻人从13岁直到30岁的状况，以确定哪些因素预示着他们成年后会有美满的爱情生活。结果发现，成年后的恋爱幸福与否与青少年时期的恋爱行为无关，而是与青少年生活经历中养成的交友技巧有关。哪些人在成年后拥有健康的爱情生活？一般来说，这些人在13岁时就希望得到朋友的善待，并在必要时能为自己争取权益；在十五六岁时，能够建立亲密的友谊并与同伴和睦相处；在十七八岁时，能够保持时长2年左右的亲密友谊。关注这些基准，它们能帮助你了解孩子是否正在逐步获得有助于发展健康恋情所需的技能。

青少年的爱情生活没有典型范本。对于非异性恋或性别开放的青少年来说，情况可能会更加复杂。如果成长过程中他们的家庭或生活的社区不太可能支持他们的恋爱选择，那么他们可能需要隐藏自己的感受。或者，他们可能需要更多的时间来明确自己想要什么，因为他们的爱情生活并不符合主流的剧本。虽然有些青少年能够找到成人的榜样，让非主流的恋爱关系得到满足和丰富，但并不是所有的青少年都有这样的榜样，这就需要他们自己去摸索健康的爱情生活。

无论青少年的认同方式如何，建立牢固的同伴关系在短期内对他们来说都是有益的，这有助于他们练习情感上的亲密关系，从而拥有美满的浪漫生活。如果您的孩子在交友和保持朋友关系方面显得很吃力，您需要了解是什么阻碍了他们。如有必要，您可以向学校的辅导员或社区的心理健康专家寻求指导。

为什么青少年不喜欢学校

青春期之前，孩子们一般都喜欢上学。但我认为可以这样说，如果每个家庭都制作一张主题为“青少年抱怨的事情”的饼图，大多数家庭中最大的一块一定会贴着“学校”的字样。当然，学校里有很多青少年喜欢的东西，比如可以和朋友在一起，去上自己喜欢的课程，和真正关心他们并且不刻意掩饰的老师和教练在一起。但事实是，学校的本质往往与青春期的特点背道而驰。这个阶段，青少年开始认真对待自主权问题，他们对整天服从成人权威感到不满。当他们正努力发展自己独立而明确的自我身份时，却被赶进了与自己的身份认识不一致的班级。除此之外，青少年渴望独立，但他们往往有大量的家庭作业，无法按照自己的意愿度过夜晚和周末。

成年人该如何帮助青少年处理他们对自主、独立身份的正常追求与学校要求之间的错位？我认为，这样想最有用——送青少年去学校就像送他们去吃自助餐，并要求他们把每一种菜肴都尝一遍。作为成年人，我们中的许多人已经知道自己喜欢什么，不喜欢什么，我们会根据自己的喜好进行选择。就拿我来说，从 17 岁起，我就整天乐此不疲地学心理学的东西，没再学过一点物理学的内容。然而，青少年必须吃光菜单上的所有东西。他们不可能喜欢所有的东西，我们也不应该指望他们会喜欢。我发现，“上学就像吃强制自助餐”这一隐喻为“学习动机”这个沉重的话题带来了必要的中立性，因此，我得详细解释一下。

首先，我想说的是，我认为要求青少年各种学科都进行深入了解是完全没问题的。部分原因是，经由启发性的教学或者兴趣的成熟，他们最终对学校某个方面的喜爱可能会超出当初的预期。因此，我们应该鼓励他们敞开心扉，接受这样的可能性：他们可能会喜欢上一门他们不想上的课，或者享受一段他们并不期待的经历。但学生还是会有自己的偏好，如果我们能接纳他们并坦诚地谈论这些偏好，我们就能更好地帮助青少年在学校保持学习动力。

假设这样一种常见的情况：孩子非常不喜欢一门课，因此在这门课上的表现明显不佳。虽然本能可能会诱使我们要求孩子“纠正他的态度”，但我认为，不如实事求是地与孩子谈谈学校的要求更有用。“我明白，”你可以说，“你现在对英语课的感觉就像我对甜菜的感觉一样。我只有在迫不得已的时候才会吃甜菜，而因为我是成年人，没人会这样逼迫我。”由此开始，你可以指出，即使你的孩子无法忍受这门课，但挑剔的高中、大学、奖学金委员会以及未来的雇主通常都不仅关注学生的热情，也关注他们的成绩。“没有人说你必须喜欢英语，”你可以补充说，“但我们得想出一个办法，让这门课变得能接受，从而让你得到一个还可以的成绩。”

我不想贬低学校的要求具有的价值或它可能带来的满足感，但有时青少年需要我们的帮助才能摆脱困境。对有些人来说，只要给他们这样的认同就足以解决问题。而对于其他需要更多帮助的青少年来说，把他们表现不佳的原因归结为喜好问题，而不是性格缺陷，更容易引导他们进行富有成效的对话，讨论怎样才能让他们以更开放的心态接受帮助。例如，他们是否愿意尝试与学习伙伴一起学习，或者上网查找有关所学内容的视频？如果你怀疑可能还存在重大障碍——也许是需要补习遗漏的内容，也许是需要评估学习障碍问题——请与孩子的老师或辅导员合作，找到一个既能解决问题，又不会让他们感到羞愧的解决方案。

如果不会让你的孩子感到不舒服，你完全可以指出，我们的喜好往往会随着时间的推移而改变。我在高中时不能忍受香菜，但我现在喜欢它；我那时对历史兴趣不大，但我现在每晚睡前都读历史。“就当下而言，”你可以说，“我们来想办法如何从这门课中获得你需要的东西。但就长远来看，我希望你对英语课保持开放的心态。你可能会喜欢上它，或者找到一个能让你真正喜欢上它的老师。”

如果孩子什么课都不喜欢，怎么办？这种情况时有发生。学校关注的主题和技能范围非常狭窄，学生在接受传统教育的过程中磕磕绊绊，但却能在与传统学校教育完全不同的职业生涯中茁壮成长，这种情况并不罕见。如果你的孩子就是这样，请做好以下三件事：

首先，支持青少年的兴趣所在。你的孩子是否对课程漠不关心，但却对动手工作情有独钟？找一个校内或课后项目，帮助他培养这些技能。他是否对普通课程浅尝辄止，但却能利用自己的时间创作音乐？那就寻找其他课程、工作或其他机会来满足他的兴趣。

其次，要不遗余力地去体谅孩子，让他们知道白天、晚上和周末都花在毫无乐趣的学习上并不是一件有趣的事。

感谢孩子在学业上付出的努力，并认识到这样做可能并不容易或不自然。

最后，寻求学校辅导员或其他心理健康专业人士的帮助，以排除抑郁症等问题。健康的孩子倾向于培养浓厚的兴趣，即使这些兴趣不是学术方面的。如果这种情况没有发生，你可能需要解决的是更广泛的心理健康问题。

我们还应该注意那些自觉性很强的青少年，他们觉得自己必须把端过来的食物吃得连渣都不剩。当然，学生对学校的一切都充满热情，这并没有错。但是，对于那些觉得必须在每门课程的每项作业上都取得优异成绩的青少年来说，学习可能会带来不必要的压力。为了消除不必要的完美主义，我们可以再次从自助餐的隐喻入手，"没有人期望你喜欢每一门课，也没有人期望你对所有课程都一视同仁。如果你喜欢数学，想要额外的帮助，当然可以。但是，如果你不喜欢社会学，我认为你应该根据自己的实际需要——无论是为了获得足够高的分数，还是为了掌握足够深的知识——在保护自己的时间和精力的同时，去做点其他事情，比如睡觉和玩乐。"

作为父母，我们需要做好准备，适应青春期给日常生活带来的新的情绪变化。如果你回想一下本章所涉及的内容，你会看到，当我们的孩子步入青春期，确实会发生很多不同寻常的变化。青春期的孩子在他们的脑袋里进行着一场巨大的、颠覆性的改造工程。他们突然感到必须与我们分离，建立自己独特的品牌。与此同时，他们必须接受我们的个人缺点和家规，还必须弄清楚如何应对来自派对、喝酒、开车、社交媒体、性、恋爱等种种新鲜刺激和风险。除此之外，学业也变得更加繁重。

即使青春期正常的成长过程中所涉及的情绪是不愉快的、不想要的或麻烦的，但也可以归类为“在对的时间拥有对的感受”。真正重要的是，青少年要学会有效地管理自己的干扰情绪。现在我们来谈谈如何帮助他们做到这一点。

第4章

Chapter 4

管理情绪，第一步：帮助青少年表达感受

■ ■ ■ ■ ■

3 月的一个星期四下午，我打开候诊室的门，迎接 16 岁的吉达。吉达最近刚拿到驾照，自己开车来与我见面。她只拿着车钥匙，缓慢地从候诊室的椅子上站起来，跟着我走进我的办公室。从她的动作中，我感到她心事重重。

我们第一次见面是在去年 11 月，当时吉达的父母担心她抑郁。吉达经常失眠，情绪低落，而且很难集中精力完成学业。她并没有完全达到临床抑郁症的标准，但在咨询过程中，我们建立了紧密的联系，也逐渐了解到，她对自己是否能适应学校，以及总是比不上出色的姐姐而充满担忧。当我们进入每周一次的治疗节奏后，吉达的情绪有了很大改善。考虑到她的大家庭中曾有几位成员被诊断过患有抑郁症，因此，尽管吉达现在总体感觉还不错，但她的父母很乐意支持我们继续定期会面。

在这个特别的星期四，吉达沉重地坐在我的沙发上。

我静静地等着她先开口。她把长发拨到一边的肩膀上，摆弄着自己的项链，然后把手在紧身破洞牛仔裤上擦了擦。

“今天糟透了，”她开口了，“春季音乐剧的选角结果出来了，我想当主唱，却只选上了合唱队。”这个结果是负责选角的戏剧老师在课间单独找到她，告诉她的。“她告诉我，她非常喜欢我的歌声，她理解我得到的角色并不是我想要的，不过在我毕业之前还会有两部音乐剧，我还有很多时间来成长为一名演员。”

我安慰地点点头，然后问吉达她是如何回应老师的。

“当她告诉我的时候，我哭了。她对我很好，还给我倒了杯水。但我必须很快振作起来，因为下节课我有个小测验。”吉达解释说，完成测验后，她要求去洗手间。“我躲进一个隔间，又哭了一会儿，但后来我不得不再次振作起来，去上最后一节课。”她说。

我带着同情又钦佩的复杂心情听完了吉达对她一天的描述。一方面，我不愿意去想象吉达一个人坐在厕所隔间里哭泣的样子。另一方面，她对这个下午的描述——在“哭泣”与“振作起来”之间来回切换——完美地诠释了什么叫作“在对的时间有对的感受，并能有效地管理这些感受”。是的，强烈的、不想要的情绪是令人不快的，但它们是生活的一部分，当这样的情绪袭来时，我们心理学家真正关心的问题只有一个：这些情绪会如何得到管理？

回到本书的核心前提，心理健康并不是指感觉一切良好。拥有烦恼是人之常情，青少年在成长过程中会遇到各种挑战和失望，当然也会有烦恼。当青少年感到不安时，我们的目标应该是帮助他们管理好自己的情绪。心理学家将理想的情绪管理称为情绪调节。有关这一概念有非常多的研究成果，但都可以归纳为两个基本主题：（1）通过寻找健康的方式表达情绪，从不稳定的情绪中解脱出来；（2）必要时，使用健康的策略控制情绪，从不想要的情绪中暂时解脱出来，得以喘息。

我们没有能力阻止或迅速消除青少年的心理痛苦，甚至也不应该以此为目标。但是，我们可以而且应该帮助青少年逐渐习得调节情绪的方法，既能缓解情绪，又不会造成伤害。吉达就很好地做到了这一点，她通过情绪表达和情绪控制来处理自己没有得到想要的角色的失望。她在一位关心她的老师面前哭了（健康表达），然后按下了悲伤的暂停键，去参加测验（健康控制）。她借故找了个隐蔽的地方又哭了一场（健康表达），恢复平静后又上完了最后一堂课（健康控制），并利用和我在一起的时间倾诉了她的失望和沮丧（健康表达）。对于我们这些以帮助年轻人处理情绪为职业的人来说，这在别人看来可能是一个很难熬的下午，但在我们看来，却是一堂情绪调节的大师课。

表达与控制，控制与表达。大多数时候，青少年会像吉达一样，找到自己所需的平衡点。但也有可能他们做不到。有时，青少年会努力寻找适当的情绪宣泄渠道。但有时，他们的情绪会肆意践踏一切，需要加以控制。不管是哪种情况，都需要成年人的介入和帮助，而且幸运的是，成年人的介入和帮助的空间很大。

我明白，如何帮助青少年处理不舒服的感觉，思考这样的问题对很多人来说是新鲜的、陌生的。但请记住这一点：作为父母，我们无法帮青少年避免痛苦的感受，我们应该做的是在他们感到不适的时候，帮助他们处理这种不适。采取管理而非驱逐的方法来处理不想要的感觉，这才是青少年的父母应该追求的目标。当我们关注到并欣赏青少年在调节情绪方面所做的巨大努力时，我们与他们之间的联结就加强了。此外，帮助青少年学会有效调节自己的情绪，能使他们获得情绪独立的能力。同时，我们也在帮他们为面对完整情感生活做好准备，让他们不再害怕强烈的情绪。

把本章和下一章看作两册互补的情绪调节手册。第一册（本章）将指导你帮助青少年表达他们的情绪，让他们更容易接受情绪。第二册（下一章）将帮助青少年在必要时从情绪中暂时解脱，目的是，用吉达的话说，在需要的时候“振作起来”。

为什么情绪表达手册要放在前面？因为只要找到适当的情绪宣泄途径，往往就能为青少年提供他们所需的全部心理安慰。那么，让我们开始吧。

表达感受的意义

我们都知道，将感受付诸言语可以缓解情绪。无论是传统智慧还是个人经验都告诉我们，“直抒胸臆”“发泄”或“倾诉内心的真实想法”会让我们感觉更好。但是，如果仔细想想，这个事实其实非常神奇：仅仅是描述一种不舒服的心理状态，就能让这种状态变得更容易承受。作为临床心理学家，虽然我的整个职业生涯都建立在这样一个假设之上——说出情绪可以减轻痛苦，但我依然时常惊叹这种现象的魔力。

其实，这也不完全是魔法。有很多理论可以解释为什么用语言表达情感会减少心理不适。一种理论认为，只有当我们把情绪从抽象的经验领域转移到语言和思维领域时，我们才能获得洞察力，从而得到缓解。另一种理论是，通过谈论痛苦的感受，我们可以让他人了解我们原本隐藏的内心世界，从而减少孤独感。虽然，在向他人倾诉之后，我们可能还会沉浸在痛苦之中，但这也比独自面对痛苦要好一些。事实上，心理学家们并没有就为什么当我们告诉别人我们感觉很糟糕时，我们通常会感觉好一些的确切原因达成广泛的共识。但撇开不同的理论不谈，我们也知道，谈论感受是有效的。除了大量证据证明谈话疗法的有效性之外，我们甚至可以从生理层面来衡量口头表达情绪的益处。

在一项研究中，参与者观看了一些令人不安的图片，如自然灾害、可怕的事故或痛苦的人。然后，他们中的一些人被要求谈论自己对这些图片的情绪反应，而另一些人则被要求简单陈述有关图片的事实。当被试者分享个人感受或陈述客观事实时，电极通过测量皮肤的电活动来了解他们的情绪唤醒情况。电极数据显示，谈论感受有镇静作用，而描述事实则没有。

另一项研究也采用了类似的方法，来观察当我们说出自己的感受时，大脑会发生什么变化。在这项研究中，研究人员再次给志愿者观看令人痛苦的图片，并要求其中一些人保持沉默，另一些人则描述观看图片时的感受。在观看图片的过程中，研究人员使用正电子发射断层扫描技术对参与者的大脑进行监测。结果再次证明，谈论感受具有镇静作用——这一次是作用于杏仁核和大脑中与情绪唤醒相关的其他部位，而保持沉默则没有这种作用。

因此，谈论感受有益，这一传统认知得到了科学证实。这就为我们教养青少年提供了一个要点：当青少年向我们倾诉不安时，要记住，他们对自己痛苦感受的描述虽然听起来可能很生动、很可怕，但并不会增加他们的情绪困扰，相反，还会有减轻的作用。一定要记住，当青少年告诉我们他们感到焦虑、愤怒、悲伤或他们选择用语言表达的任何其他情绪时，他们就已经在使用有效的策略来帮助自己应对这种情绪了。作为一名心理学家，我对此深有体会。不过，作为一名家长，我却常常忘记这一点。临睡前，如果我的女儿想谈谈困扰她一整天的事情，我很可能会想："哦，不！怎么会这样？！"而不是认识到她已经做了了不起的工作：她注意到了自己情绪上的不适，进行了反思，对这种感觉做出描述，然后把它告诉了我。当时我往往会忽略的是：用橄榄球赛来打个比方，情绪是一只橄榄球，她已经带着球，一路跑到了目标线的前面。情急之下，我可能会犯一个错误，那就是只顾着关心她为什么会带着这个球，以及我怎样才能让她尽快放下这个球。但如果我能正确处理，我就会意识到她已经达到的成就——靠自己的力量带球跑了那么远，让我能够轻松地帮助她把球投过目标线，得到解脱。

倾听，认真地倾听很重要

那么，当青少年向我们倾诉痛苦时，我们最好的回应是什么呢？通常，我们只需倾听。这看似容易，但在现实中却出乎意料地难以做到。我们不愿意看到孩子遭受挫折，因此我们的第一反应就是试图马上赶走造成他们痛苦的任何事情。一个孩子说她不喜欢公司给她安排的轮班时间，我们告诉她应该和经理谈谈。一个孩子对同学抢走了他的毕业舞会舞伴感到愤怒，我们列出了他可以找的其他同学的名单。一个孩子抱怨说很想念外出参加夏令营的好朋友，我们安慰他说马上就会收到对方的信。

这些建议都没有错，但回想自己的亲身经历，你就会知道，这些建议通常不会被接受。这是因为我们关心的目标错了。我们不应该试图消除导致青少年心烦意乱的问题，而是应该看看——至少在开始的时候——把感受说出来是否就能给孩子足够的安慰。只要谈论感受就能缓解情绪，所以让你的孩子尽情倾诉吧。在你跳起来安慰他、给他建议，或者回忆起很久以前你也曾有过类似的经历之前，先看看如果只是倾听会发生什么。

我想说的是，我们很容易认为自己在倾听，但其实并没有。与其说我们在倾听，不如说我们经常只是在等着孩子说完话，好让我们可以分享在孩子刚开始说话时我们就有的想法。这不是倾听，只是轮流说话。要做到真正的倾听，可以想象你是一名报社编辑，而孩子是你的记者。他正在给你读一篇报道的草稿，内容是关于一个令人讨厌的老师，或者他关心的同学，或者当天其他一些令人烦恼的新闻。你的任务是：当“记者”读完，你必须为文章拟出标题。换句话说，你需要将一个冗长而详细的故事提炼出引人注目的精髓。这需要非常努力，但值得一试。

虽然我处理自己家里的问题时也经常失误，但这里有一个我做对了的例子：2020 年 3 月，新冠大流行开始时，我的大女儿正在读高二。封控开始时，她对学校的现状展开了一场愤怒的抨击。她指责学校剥夺了一切乐趣——社团、游戏、与朋友在一起的机会，但却保留了讲座和补习。我像个编辑一样认真听着，当她终于讲完后，我说：“听起来就像学校现在只提供蔬菜，完全没有甜点。”她很喜欢，欣然接受了我提炼的这个“标题”。至少在当时感觉好多了。她把自己的挫败感用语言表达出来，然后再听到我用我的话来概括她的经历，这就足以把她的不适感降到可以忍受的程度。

如果你想不出标题，也不用担心，但一定要尝试。对你的“记者”的报道给予这样的关注，这本身就很有好处。我们中很少有人能全神贯注地倾听别人试图传达的信息。有意或无意地，你的孩子会注意到你的关切与投入，并因此感到安慰。当我们全身心投入，但又不强求解决方案时，我们就无声地传达了三个重要信息：第一，我们理解他们情感上的痛苦，并不会因此而惊慌失措。第二，他们也不需要害怕这种痛苦。第三，我们不是像玩“打地鼠”游戏那样，不停地给出建议，而是提供更好的东西：专注而稳定的陪伴。

同理心的作用远超我们的想象

那么，你已经听完了，也总结了标题，但你的孩子的心情还是没有好转，怎么办？这就是你的下一步棋：给予同情。我们常常会忘记，表达同情本身就是一种行之有效的帮助青少年的方法。有研究表明，如果父母富有同情心，那么青少年的全身性炎症——情绪压力的生物标志物——水平较低。不过，我们还是倾向于轻描淡写地绕开同情，转而提供安慰。因为只说一句“听到这个消息我很难过”，或“你讲的这些听起来太糟糕了”，或“难怪你心情那么不好”，似乎太简单了。但我们不应该认为这么简单的事情就一定是无效的，尤其是我们本就想要鼓励青少年将谈论感受视为调节情绪的一种不可或缺的方式。

每当青少年成功地表达出他们的喜怒哀乐时，我们的回应要给予他们奖励并强化这种行为。专心倾听，然后表示同情，这样做就能让他们明白，他们找到了一个满怀爱意的倾听者（就是我们！），分享心事，从而寻求解脱，这样做是对的。

下一次，当你的孩子感到痛苦时，请用同理心来回应他们。光这样还不够。下一次在表达同情时，要有充分的信心，相信你的同情本身就足以缓解他们的心理压力。最近，我在小区附近遇到了一位母亲。她告诉我，在听了我关于将同情作为一种解决方案的讲座后，她开始认真对待同情的作用。她说:“有一天晚上，我六年级的女儿因为被分到了一个比她所有朋友等级都低的数学班级而伤心欲绝。她发泄了一会儿后，我说:‘我知道你为什么这么难过了。你说的这件事会让任何人都感觉很糟糕。’仅仅是听到这句话，她的肩膀就放松了下来。”“下一步，”这位母亲半开玩笑地说，“就是让我丈夫不要再告诉她，她会好起来的，或者她一定能在新的班级交到朋友。”

即使我们知道同理心能发挥很大的作用，也很难对青少年摆在我们面前的一切都做出温柔的回应——尤其在漫长的一天工作结束后，又要面对青少年分享的一连串的抱怨时。当我忙着把晚饭端上桌，设法确保晚间流程按部就班地推进，以便自己能在床上瘫一会儿，这个过程中，我会非常疲惫并且情绪低落。在一天工作结束后，如果女儿开始抱怨学校发生的事情，我这个妈妈很难有出色表现。想要熬过这种艰难时刻，我的办法是：把自己带回新泽西州的一个礼堂，很多年前，在那里，我正准备与一群高中生结束一场关于压力和焦虑的对话。

“在结束之前，”我说，“我有一个问题要问你们。我今晚要就这个话题为你们的父母做一场演讲，你们有什么想让我转告他们的吗？”有几只手举了起来，其中有一个九年级女生，她满脸恳切，显然有什么着急的事一定要说。

我叫了她，她站起来，提出请求：“请告诉他们，当我抱怨学校生活时，我只希望他们回一句：‘天哪，这太糟糕了！’”她的许多同学都用力点头表示同意，有些甚至鼓起掌来。

这位九年级学生想要得到的父母的回答，现在成了我对“放学后的抱怨”的默认回答。我确定，这样的回答就足以为青少年提供他们所需的肯定和支持，让他们感觉更好。

然而，即使我知道这种应对方法值得信赖，而且一直行之有效，但我有时还是会搞砸。不久前，我的小女儿放学回家，对第二天大部分时间都要参加标准化考试这件事不太高兴。我不断地安慰她，说她肯定能应付考试，并且提了很多如何持续保持专注力的建议。这时，她疑惑地看着我说:“你就不能只对我说一句‘真糟糕！’吗？”

帮助青少年将情绪具体化

青少年在表达自己的感受时越精确，他们获得的益处就越大。心理学家把细化和区分个人感受称为情绪具体化。研究表明，准确描述内心体验的能力与更好的情绪调节能力以及整体心理健康有关。具体化使对情感的语言表达更有力量。例如，说“我感到很沮丧”比说“我很难过”更能缓解情绪。说“发生的事情让我感到痛苦”比说“我生气了”更能消除痛苦。

虽然青少年大都情感充沛，但他们并不总是知道如何说出内心的感受，有时还需要帮助才能找到最贴切的描述。虽然作为心理学家，这个道理我早就明白，但在几年前阅读简·奥斯汀的《傲慢与偏见》时，我对这一点有了新的认识。在这本书的开头，我读到了描写班纳特夫人的一句话，她是小说女主人公伊丽莎白和她四个姐妹的母亲。书中写道："情绪低落的时候，她觉得自己很紧张。"这句话让我想到，经常有青少年来到我的办公室，告诉我他们感到焦虑，但接着又向我描述了他们与朋友的一次令人沮丧的争吵，或者带着一丝兴奋讲述即将参加的季后赛。通常情况下，当青少年称自己感到焦虑时，似乎是在说自己情绪被搅动了，心情无法平静。焦虑当然是情绪亢奋的一种形式——心理学家将其与感到恐惧或感到被威胁联系在一起——但它也只是"不平静"这个类别的大量情绪中的一种。

现在的青少年经常说"焦虑"。当我在办公室里听到他们使用"焦虑"一词时，我会竖起耳朵倾听，寻找机会帮助他们改善情绪的细化程度。我随时准备好我的心理词典，请他们详细告诉我发生了什么事。如果青少年描述的是让他们感到恐惧或威胁的情况，我会认同"焦虑"这个表述，并将工作方向转向帮他们应对紧张焦虑的感受。但如果我了解到其他情况，我的反馈往往就会是：“我听说你因为和朋友吵架而感到焦虑，这是可以理解的。但你觉得，你是否也会因此感到恼怒或烦躁呢？”或者我会说：“大型比赛肯定会让人焦虑，但我想知道，你是否也会对比赛的结果感到担忧甚至兴奋？”

我在办公室里帮助青少年具体描述内心世界的这些做法，你在家里也可以用。当青少年说感到焦虑，或者“心烦”“生气”“难过”或任何其他定义模糊的情绪时，通常就给了我们帮助他们发展情绪词汇的机会。如果你的儿子说了一句含混的话，比如“一切都糟透了！”，请试着温柔地问他“怎么了？”或“为什么呢？”，然后倾听具体细节。如果他说“英语老师给我们班布置了一卡车的作业”，你可以与他共情，告诉他，他现在可能感到很委屈、恼怒、处境艰难、气馁，或者其他你认为更贴切的词。如果你的女儿告诉你，她因为一个期待已久的活动被取消感到“不高兴”，那么让她知道，她感到不高兴是完全有道理的，但如果她同时感到失望、崩溃或愤懑，那也是完全可以理解的。

为青少年提供更微妙、更精确的词汇来描述他们的内心世界，可以从两个方面支持他们：一方面，将通过语言表达来缓解情绪的道路变成了一条超高速的道路；另一方面，这样做也是一种深刻的共情姿态。用准确无误的词语将青少年模糊的心理动荡进行清晰的描述，需要真正的情感投入和高度的心理同频——你对他们的这种关注程度会让大多数青少年感到非常欣慰。

让青少年敞开心扉

到目前为止，本章一直在悄悄地假设，青少年会愿意谈论他们的情绪。但这是个很大胆的假设。那些极度内向的青少年会怎样呢？那些即使我们已经看到暴风雨正在酝酿，也很少或从不向我们报告内心天气情况的青少年呢？又或者，那些因为语言或学习差异而难以用语言表达自己的想法和感受的青少年怎么办？在养育那些倾向于把感受藏在内心的青少年时，父母们会花很多时间努力地了解青少年的想法和感受。他们会抓住一切机会倾听、总结、共情，并帮助青少年完善他们的情感词汇。大多数人甚至欢迎抱怨！可是他们得到的对话往往是这样的：

“学校怎么样？”

“还行。”

“今天发生了什么有趣的事吗？”

“没有。”

有什么办法能打破沉默呢？让青少年谈论内心感受不是一件容易的事，但有一些策略可以提升进行有意义交流的可能性。首先要记住的是，青少年，尤其是沉默寡言的青少年，最讨厌被人当场逼问。因此，你的首要任务是不要直逼焦点问题。

方法之一是避免直接提问。与其问“你对新教练感觉如何？”，不如采取一种间接的方式——“大家对新来的教练有什么评价？他们喜欢她吗？”。与其问“听说期末考试要在寒假前进行，你高兴吗？”，不如问“关于新的期末考试安排，大家有什么看法？”。虽然我们都更希望了解自己的孩子对某一特定情况的感受，但如果能就他们可能愿意评论的任何情感话题展开讨论，这也是一种胜利——尤其是对那些沉默寡言的青少年而言。虽然我们的最终目的是通过谈论他们自己的感受来帮助青少年找到情感慰藉，但让他们先表达与自己感受相接近的情感，可能会有助于事情的进展。

你还可以把问题留到你和青少年不面对面的时候再问，这样更有利于交谈。许多家长发现，在一起开车出门或散步时，他们就能够与孩子进行一些不设防的讨论。当孩子不必直面我们时，他们更容易分享自己的内心世界。每当我想和我的女儿谈论一个微妙的话题时，我都会等到我们开车出去的时候，等到我们还有三分钟就到家时，再提起话头。这时我们俩都目视前方，而且女儿也知道谈论这个话题的时间不可能太长，这两个因素共同作用，让我们得以迅速进行一次有意义的谈话。虽然很简短，但如果不这样，可能就永远没有机会谈。

让青少年远离棘手问题的另一个方法是：认识到情感的抽象本质使谈论它们特别具有挑战性。询问青少年情感世界的微妙之处，与问他“今天上美术课了吗？”是完全不同的两回事。你可能会问：“你看起来很不高兴，发生了什么事？”然后就迫不及待地想要得到答案。但你的孩子可能需要时间先消化这个问题，然后再回答。这种滞后也可能受到青少年思维方式的影响——他们常常会没想清楚就脱口而出，但有时又要先深思熟虑再表达想法。此外，还有处理速度的问题。思考的速度因人而异，而且与整体智力并无密切关系。考虑到所有这些因素，你就会明白，向青少年询问他可能正在经历的一种模糊的情感体验，然后想要得到一个及时、满意的答复，会有多么困难。考虑到青少年需要时间思考自己的感受，可以在你的问题和他们的回答之间留出一定的空间。你可以在周六早上对孩子说：“最近几天你似乎不太对劲。如果你想在这个周末聊聊天，随时都可以找我。”

如果你还需要更多方法，既让孩子不感到尴尬，又能更自由地表达自己的情感，那么可以试试用短信联系。这是我的一位朋友教我的方法。她有两个青春期的儿子，他们都把自己的秘密藏在心底。朋友告诉我，她和儿子们最深刻、最真挚的对话都是通过短信进行的。有一次，其中一个儿子的期末成绩中有两门课的成绩一反常态地低，我的朋友和她的丈夫试图和他谈谈，找找原因。但他一直告诉他们，他不知道该说什么。于是大家各自上床睡觉，没有再试图交谈。

“第二天早上他去学校后，”我的朋友告诉我，“我给他发了一条短信，说他不会有麻烦，我们只是想搞清楚发生了什么。他回了一条我收到过的最长的短信。”他在短信中说，他为自己的成绩感到羞愧，为让他们失望感到难过，还害怕他们生他的气。之后，我的朋友和她的儿子在这一天里不断互相发短信，以一种当面永远不可能做到的方式解决了这个问题。“之后，他给我发短信说，他非常感谢我们的支持，他爱我们。当我读到这句话时，我泪流满面。”我的朋友有点羞涩地补充道，“我只是希望他能当面说出这一切。”

我认为我的朋友没必要对这件事感到自责。虽然我们总会想象其他父母与他们的孩子围坐在厨房的餐桌旁，促膝长谈，但我认为这种场景非常少见。我也是这么告诉我这位朋友的。我认为她找到了一个绝妙的解决办法，我希望其他家长也有同样的认识。

仔细想想，用短信来解决情绪化的话题其实是一个完美的方式，既能展开交流，又能让青少年不会感到受逼迫。他们不必看着我们，可以花尽可能长的时间回答问题，而且书面回复可能会比当面交流更准确地表达他们的感受。

下一次，当你的“不爱说话”的孩子情绪低落地去上学时，不妨试着发一条短信：“你早上看起来很不好，现在怎么样？”如果你收到了有意义的回复，那你就中奖了——干得漂亮！记得一定要再回一条短信，表示肯定。不过我建议你要抵制住诱惑，不要试图在一天学习、工作结束时当面重拾话题。从发短信转为交谈可能会让你的孩子后悔当初打开了话匣子，也可能导致两种交流方式都中断。

如果你几乎没有收到任何回复，也不要绝望。根据我的经验，青少年确实希望与父母分享他们的心事。但他们通常希望以他们的方式，而不是以我们的方式进行交流。

让青少年来决定交流的规则

不久前，我到新奥尔良的一所学校访问，白天为学生和教职员工做讲座，晚上给家长做讲座。在家长讲座开始前一小时，下起了大暴雨，所以听众人数不多，但都是穿着全套防雨装备、排除万难也要来参加的人。那天晚上我提道，当我们在车里与青少年沟通问题时，他们会变得更加坦率。讲座结束后是问答环节，大多数家长都离开了，但也有一些人聚集在讲台附近与我交谈。

一位中年男子和他的妻子热情地感谢我的演讲，并希望进一步交流。

“你刚才说青少年在车里更爱说话？”他说，“确实是这样。至少我们发现我们 14 岁的女儿是这样。但她更爱说话的另一个时间是晚上。当我们躺在床上看书准备睡觉的时候，她会走进我们的房间，坐在椅子上。然后她会和我们聊二十分钟左右，内容五花八门。”

他的妻子把手放在他的胳膊上，急切地想要开口。“因为时间的关系，他曾经试图阻止女儿，告诉她天色已晚，我们都需要睡觉了。但我让他别这样做。”她说。她的丈夫点头表示同意：“她平时话不多，所以我们只能抓住一切机会。”

他们的朋友，一位个子很高的父亲站在旁边听着我们的谈话。当听到他们描述女儿在晚上更容易敞开心扉时，他脸上突然露出惊愕的认可的表情。“我当年十几岁的时候也是这样！”他插话说，“我从寄宿学校回到家，很少说话。直到爸爸妈妈已经上床准备睡觉时，我会站在他们的门口，靠着门框，告诉他们学校里发生的一切。直到刚才我才想起这些来。”

“这真是很有意思！”我对三位家长说。然后，我问那位高个子爸爸：“你这样做是因为你觉得自己在那种情况下可以随时结束谈话吗？你知道你的父母不会再下床来追问你后续的问题，所以你可以轻松地走开？”

他说：“是的，现在回想起来，我当时应该就是这种感觉。”我能看出来，那两位14岁孩子的父母也露出恍然大悟的表情。

“听你这么说，”妈妈说，“我们家好像也是这样。当女儿不想说了，谈话也就结束了。以我对她的了解，我知道这种感觉让她更容易敞开心扉。”

我们想让青少年分享心事，但往往会选择我们认为方便的时间，想讨论我们认为有意义的话题。当然，在一天结束时友好地问一句“在学校过得怎么样？”并没有错。但是，我们应该做好心理准备，这样的谈话可能毫无结果。为什么呢？因为青少年最在意的是追求自主。当我们在一个适合我们的时间询问孩子一天的情况时，实际上是在召集他参加一个由我们设定时间和议程的会议。根据我对青少年自我决定的意愿的了解，尤其是那些心思细腻复杂的青少年，当他们能够自己决定参与的条件时，才最有可能敞开心扉。从这个角度来看，我在新奥尔良了解到的那种夜间聊天就更有意义了。在这两个案例中，都是由青少年决定会面开始和结束的时间。他们也是议程的制定者，要等到父母已经完结了一天的安排后，他们才会召集会议。

“等一下！”你可能会想，“难道所有的交谈都应该由我的孩子来决定吗？难道我们就不能偶尔也采取主动吗？他知道我们爱他，对他的生活充满好奇——难道不该期待他们退让一步，可以有时按照他的方式，有时按照我们的方式聊天吗？”事实上，青少年经常会让一步，部分地满足我们，我们应该明确认识到这一点。每当我问女儿对学校、周末计划或其他事情的看法时，我都会得到一个真实的答案，她已经同意了我的约定条款。她放弃了内心深处要独掌船舵的愿望，让我登船检查。

作为父母，我们希望孩子在需要倾诉的时候能向我们求助。这就意味着，我们要随时准备好在他们觉得合适的时候与他们沟通。不要错过这样的机会。我们必须考虑到，这可能是孩子们在不牺牲自主感的前提下能找到的表达私密情感的方式。因此，不要拒绝他们。当然，这并不是说你必须在午夜接听已经上大学的孩子打来的非紧急电话。

但这确实意味着，在青少年分享自我感受这件事上，我们要给他们自主决定的空间。白天与我们保持距离的青少年，晚上可能会与我们亲密交谈。当这种情况发生时，别忘了，我们是被召唤来参加一个我们想要参加的会议。

不要错过时机

研究表明，大多数青少年喜欢父母，并希望与父母沟通。事实上，我经常听到青少年抱怨说，当他们想与父母交谈时——即使是在正常的时间——也很难引起父母的注意。在临床工作中，一旦有青少年提出这个问题，我就会情不自禁地坐在办公椅上，想象着这些互动在我自己家里是如何发生的，并且会感到内疚。

例如，我下意识地将晚餐时间看作我们聚在一起谈论一天中重要事情的时间。我的女儿们可能会参与我的晚餐会议，也可能并不想在那个时候聊天。但不管怎样，一旦收拾完餐桌，我就会进入晚上的其他流程。我会给父母或朋友打电话，或者在查看电子邮件的间隙琢磨日常用品的购买清单，等等。晚饭后的某个时刻，我正在厨房里考虑待办事项中哪个不能再拖了，我的一个女儿走过来说："今天我在学校跟人吵架了。”我可能会转向她，点点头，甚至说“哇！”——但我很有可能会错过她想跟我谈谈的邀请。我不会把手里的东西放在一边，静下心来问她一些问题，而只是心不在焉地听着她主动告诉我的事，同时还想继续我之前的思路。我并不以此为荣，尤其是，我的女儿们比我更了解我自己（就像你的孩子了解你一样），她们能分辨出我有没有专心。

当然，不是任何时候我们都得马上放下自己正在做的事情。但如果我们在家，孩子想和我们说话，我们就应该认识到这是一个难得的机会，并欣然应允。我自己在这方面也不算敏锐——我更喜欢清理我的待办事项清单——但几十年的临床实践给了我很大的帮助。在我成为青少年的母亲之前的许多年里，我经常在临床工作中听到家长们感叹高中生活来得太快。因此，每当我在坚持自己的晚间计划和留出时间参与谈话之间感到纠结时，我就会重新提醒自己，我很快就会拥有许多个可以随意支配的夜晚。到那时，我一定会后悔，自己没有珍惜那些我的孩子们想要跟我聊天的夜晚。

除了抓住孩子们提出的话题之外，我们还可以通过另一种方式，让青少年更愿意找我们倾诉：陪伴。虽然在孩子小的时候，我们通常会花很多时间陪伴他们，但随着他们长大，我们与孩子见面的时间会越来越少。发育正常的青少年往往忙于学习、课外活动、工作、交友等各种各样有关的事情。而很多家长，包括我自己，都很高兴不用再靠请保姆就能自由安排自己的生活。就像我工作中遇到的青少年有时会抱怨他们的父母总是不听他们的话一样，也有很多人告诉我，希望父母能多陪陪他们。在我从足够多的青少年口中听到这种抱怨，并了解到它的普遍性之前，我其实是有些困惑的。原因有二：首先，青少年给我们的印象往往是，他们很高兴我们不经常在家。其次，我强烈地怀疑，那些告诉我希望父母多在身边的青少年，在父母在家的大部分时间里，是对父母视而不见的。

不过，随着时间推移，我逐渐认为，当青少年知道父母在哪里时，他们会感到最安心，这就像安全感充足的幼儿在进行自己的活动时，也会随时注意爸爸妈妈在家里的动向一样。此外，有我们在身边，就意味着孩子可以随时与我们谈论他们关心的话题。

那么，我们该如何既让孩子能方便地找到我们，但又不至于随时在他们身边转来转去呢？我的一位朋友同意了女儿的请求，在女儿做作业时就在一旁工作或看书。另一位朋友的做法是，每天晚上在孩子看电视时，就在同一个房间里叠衣服。我自己则习惯性地把冗长的厨房清洁工作留到我知道女儿们会在家的时候进行。这样一来，我就可以随时待命，可以随时放下手里的事，而且正好处于她们的行动范围内，以防她们突然想说话。

父母要承认并修复错误

我们想让孩子们与我们沟通，并为此想方设法。但这并不意味着当他们和我们说话时，我们总是能正确应对。感恩节后的一个周二，14 岁的科里来参加我们每周一次的会面。我从未见她这么生气过。她非常愤怒，进门时甚至没有拉开外套的拉链，就一屁股坐在我的沙发上。她僵硬地坐着，似乎希望捂得严严实实的外套能让她保持镇定。

“怎么了？”我问道，急切地想知道发生了什么事。

“哼！”她咬着牙哼了一声，“感恩节糟透了！”

“发生什么事了？”

她停顿了一下，喘了一口粗气，然后大吐苦水。

“我姨妈住在纳什维尔，她来和我们一起过感恩节。我们玩得很开心——感恩节是我最喜欢的节日，而且我通常都很喜欢和姨妈在一起。但晚饭后，我们在厨房打扫卫生时，她问我和雷扎的关系怎么样了。雷扎是我班上的男生，我暗恋他很久了。”

我知道她想说什么了。

“我没有跟她说过雷扎的事，是我妈妈告诉她的。我简直不敢相信！我跟姨妈敷衍了几句，说‘哦，他很好’，她就知道我不想说了。但我很生我妈妈的气。”

“我明白了。”我说，“你跟你妈妈谈过这件事吗？”

“没有。我的意思是，她知道我很生气，但我觉得她并不认为这有什么大不了的。”她说着，终于拉开了外套的拉链，放松地向后靠在沙发上。

“但这再明显不过了。”我同情地说。

“是啊！我真不敢相信我妈妈会告诉她这件事。我觉得自己没有任何隐私。”

“你觉得你会向你妈妈提起这件事吗？你会让她知道你有多生气吗？”

“也许不会，”她说，“但是我跟你说，这是我最后一次和她说真心话了。”

父母都会犯错。其中一个最容易犯的错误就是分享一些在我们看来很普通、不起眼甚至很可爱的事情，但这些事对我们的青少年来说却像是国家机密。这样的错误会让青少年不再愿意向我们表达情绪。假设你已经尝试了本章所建议的一切方法来帮助青少年敞开心扉——你不逼问他们敏感话题，让他们来决定沟通的时机，在他们想要倾诉时及时倾听，并尽可能地为他们提供帮助——但你的孩子仍然犹豫不决，不愿与你分享任何个人的重要事情，这种情况下，你就要仔细想想，自己是否说过或做过一些导致孩子关闭沟通渠道的事情。

如果你怀疑自己的情况与科里的妈妈类似——你分享了本应保密的信息——请向你的孩子真诚道歉。一来是因为你有必要道歉，二来这也是尝试重启你与孩子之间的联结并重新获得信任的一种方式。研究人员发现，有效的道歉包括六个部分：明确表示歉意、提供解释、承认责任、保证不再犯错、努力弥补和请求原谅。如果我们为科里的妈妈撰写一份道歉声明，它应该是这样的："对不起，我把雷扎的事告诉了我姐姐，我以为你不会介意让她知道。但我现在意识到，这些信息不是我应该告诉她的。今后，除非得到你的允许，我保证我们之间的谈话不会外传。我知道我搞砸了，希望你能原谅我。"

一周以后，科里再来会谈时显得放松多了。她像往常一样健谈，并且我们又回到了当初促使她来我诊所的话题——她难以交到朋友并保持友谊。她告诉我一个好消息：她和一个在艺术课上相处融洽的女孩一起度过了周末。而我有点犹豫是否应该再聊一聊我们上周的谈话内容。一方面，我通常倾向于按照来访者的意愿来安排会谈时间。但另一方面，因为上一周的治疗中出现了那样一个情绪激烈的、尚未解决的话题，如果置之不理，似乎也不合适。

当科里一口气说完，我告诉她，我很高兴听到她在交朋友方面开了个好头。然后，我停顿了一会儿，说："上周，你对你妈妈做的事感到很恼火。"

"哦，是的，"她淡淡地说，"现在好多了。"

"怎么会这样？"我问。

"她看得出我还在为雷扎的事心烦，所以她主动提起这件事。我们谈了谈，我告诉她我不愿意她把我跟她说的事情告诉她姐姐。我妈妈还有点想为自己辩解，但她明白了我的意思。所以……我想我们没事了。"

听起来科里并没有得到我通常建议的完整的六步道歉，但我也知道她和妈妈——她独自抚养科里将近十年——关系很亲密，我相信这种亲密帮助她们渡过了这个特殊的难关。

不管你有没有"爆料"（孩子们喜欢用这个词），我认为应该让孩子知道，他们与我们分享的东西不会外传。在日常生活中，青少年会积累许多情感丰富的信息。如果他们知道自己可以在家里自由地倾诉，就能减轻心理负担，这有助于减少他们与同伴之间不必要的"八卦"。

当然，有时孩子分享的信息是必须公开的，比如某个朋友经常喝得酩酊大醉，或者教练有越界行为。当这些棘手的情况出现时，一定要按捺住背着孩子拿起电话的冲动。这样做大概率会让你的孩子后悔向你倾诉。除非是出于当下的安全考虑，否则请务必和孩子一起讨论，想办法把信息传递到需要的地方。

还记得扎克吗？就是那个高二的学生。当与他很亲密的女孩玛拉追问他，他们是什么关系时，他开始沉迷于游戏。高三一整年，他都在找我做咨询。在那段时间里，他和玛拉开始了认真的约会。随着他们越来越亲密，玛拉告诉他，她有时会有自杀的念头，但她不认为自己会付诸行动。这个消息自然让扎克感到不安。在经历了几个不眠之夜后，他告诉了妈妈自己无法入睡的原因。扎克的妈妈想马上打电话给玛拉的父母，但扎克不想让玛拉知道他背叛了她的信任。不知道该怎么办的扎克给我发了短信，问我能不能帮他们想个办法，于是他、他妈妈和我进行了三方通话。

他们向我描述了情况后，我告诉扎克，我也认为玛拉的父母需要知道这件事，但做到这一点可以有不同的方法。比如，扎克可以告诉玛拉他很关心她，并希望帮助她获得应有的支持。要做到这一点，她需要把她告诉扎克的话告诉她的父母，如果她做不到，扎克就必须自己去找他们。另一条路是扎克或他妈妈去给玛拉的父母打电话。我们商量后，扎克想采用第一种方法。我们下周见面时，他向我们分享了发生的事情。

“玛拉并不想告诉父母，但她知道这样做是不对的。她说她会告诉他们的。”扎克说，尽管他很信任玛拉，但他告诉玛拉，如果她的父母确认她和他们谈过，他就能睡得更安心。“她明白了我的意思。我们谈话后不久，她爸爸给我发了一条短信，说他非常感谢我帮助玛拉向他们敞开心扉。”冲动地打一个电话肯定比和青少年一起讨论如何处理敏感信息更快，但这样做也有可能让青少年变得沉默寡言。保持耐心并权衡其他选择，可以让我们做正确的事，而不会关闭家庭沟通的渠道。

过于随意地对待青少年与我们分享的信息，这并不是唯一会让他们不愿意袒露心事的错误。有时青少年不再说话，是因为我们对他们受伤的感情作出了评判性的评价。比如我们可能会对一个因再次被老朋友冷落而感到难过的青少年说：“你都知道杰克很快就会抛弃你，那为什么还要和他一起玩？”如果他们有理由认为，我们会以某种方式的“我早就告诉过你”来反击他们，他们很可能会把事情憋在心里。如果一个青少年因为买不起他想要的新运动鞋而生气，提醒他你认为他买上一双运动鞋已经花了太多钱，这可能是一个真实但并无益处的回应。

当你的孩子不再说话，而你也知道自己错在哪里时，请向他真诚地道歉（别忘了那六个部分！）。如果你怀疑自己在某个环节出了差错，但又不知道到底是哪里出了差错，那么请尽量不要辩解，而是按照以下方式向孩子发出真诚的呼吁："我看得出来，你不太愿意和我谈论你内心深处的想法。是不是我做了什么或说了什么让你不愿开口？我这么问是因为我想改善我们之间的关系。"

重视非语言表达

我大女儿高三那年10月，我走进厨房，发现她正在使劲地摇晃一罐还没打开的苏打水。

"你在干什么？"我非常不解地问。

"考大学这件事，"她用焦灼的语气回答，同时继续拼命摇晃着汽水罐，"让我太紧张了！我要在后院狂喷苏打水，缓解一下压力！"

我喜欢青少年。对于如何发泄情绪的问题，他们会想出成年人想不到的办法，而且往往非常有创意。虽然我女儿为大学入学季临时设置的压力阀出乎我的意料，但我并不觉得这是问题。我以了解人类学的兴趣看着她在草地和车道上喷洒苏打水，然后回到屋里继续写她的申请论文。

在那段时间里，我是如何看待女儿的心理健康状况的呢？首先检查：她是否在对的时间有对的感觉？在要求苛刻、乏味、对未来影响巨大、充满变数的大学申请过程中，感到有压力是一种非常恰当的反应。然后检查：她是否有效地控制了压力？尽管我女儿的情绪调节策略很特别，但它仍然是“有效”的。为什么呢？因为只要青少年采取适应性策略，也就是既能缓解情绪又不会造成伤害的行动，他们就能很好地控制情绪。

到目前为止，本章的重点是帮助青少年说出他们的感受。虽然口头表达是一种常见且非常有效的情绪表达方式，但它并不是唯一健康的或有效的方式。如果你的孩子不爱说话，或者难以用语言表达自己的想法和感受，你可能会很高兴听到这些。而且你可能已经意识到，你的孩子会用非语言的方式来为紧张情绪寻找出口。

有些青少年会通过身体活动来宣泄不愉快的情绪。当他们生气或恼怒时，他们可能会去跑步、参加篮球比赛或大力练习网球发球。另一些人则通过创造性的方式来缓解不愉快的情绪。他们可能会通过画画来表达渴望，写故事或诗歌来表达失望，用敲击琴键来发泄不满，或大声唱歌宣泄愤怒。正如一位才华横溢的青少年音乐家对我说的那样，当他的妈妈问他感觉如何时，“我的脑子里充满了怨恨，但当我开始写一首歌词时，我才慢慢明白发生了什么”。

并非所有青少年都会创作自己的音乐，但我的经验告诉我，他们当中有很大一部分人把听音乐作为一种调节情绪的方式。我对自己青少年时期在特定情绪下听特定歌曲的经历记忆犹新，我猜你们也有这样的记忆。如今，每当我向高中生听众讲述如何应对压力、焦虑和其他影响情绪的问题时，我总会留出时间，询问他们当中有多少人在想要摆脱坏情绪时，会听自己制作的播放列表。通常，几乎所有人都会举手。然后，我又问听众们，他们是否会为特定的几种情绪分别制作播放列表。结果发现，很多青少年都有“快乐”“振奋”和“放松”的播放列表。但有“愤怒”和“悲伤”播放列表的人更多。

音乐对我们的感受有着不可思议的影响力。那么，为什么许多青少年会为坏情绪做一个播放列表呢？他们这么做，就像我们在青少年时期会制作混音带一样。这是因为青少年对我最喜欢的一句心理学格言有着直观的理解：解决痛苦的唯一出路就是熬过去。青少年告诉我，而且研究结果也证实了，当他们陷入阴暗或不愉快的情绪时，有时会听一首匹配当下情绪的歌。这样做的目的很明确，就是用音乐来激发泪水（愤怒的独舞派对或喧闹的大合唱也有类似的作用），以此来缓解不适。

虽然音乐通常能帮助青少年经历情绪上的波折，但有些成年人可能会担心，听情绪激烈的歌曲，尤其是重金属这类强烈、前卫的音乐，会不会反而增加而不是减少痛苦？我最喜欢的一项研究就涉及这个问题。心理学家招募了一群喜欢听一种或多种“极端”音乐的青少年，这些音乐包括重金属、朋克、尖叫音乐和硬核摇滚乐。研究小组请这些青少年详细描述令他们恼怒的经历——这种方法被认为能有效激起他们的愤怒情绪，同时他们连接了电极以测量心率。然后，让一半的被试者聆听十分钟他们自己播放列表中的极端音乐，而另一半人则只是静静地坐着。10分钟后两组参与者都要填写表格，要求他们对“当下”的情绪状态打分。

研究人员发现了什么呢？对所有被试者来说，重新回忆令他们愤怒的经历都会导致心率加快（这是一项衡量情绪亢奋程度的指标）并有敌意、烦躁和压力感。无论他们接下来的十分钟是在听音乐，还是静静地坐着，所有被试者都认为自己的情绪有所缓和。但是，两组人的不同之处在于：对于那些听了10分钟极端音乐的青少年来说，他们的心率依旧偏高但没有再增长。而那些静坐了10分钟的青少年的心率则降低了。这项研究最有趣的发现可能是，10分钟后，聆听极端音乐的被试者报告说，他们的积极情绪增加了，他们感到精力充沛、灵感迸发。而安静坐着的被试者报告说，他们的积极情绪没有增加。

这项研究给我们很多启示。首先，它消除了极端音乐会让愤怒的青少年更加愤怒的担忧。研究中的每一个人都表示，无论他们是否听了极端音乐，在发怒10分钟后，他们都会感到更加平静。其次，虽然听音乐的被试者的心率仍然保持较高水平，但并没有增加，这就提供了生理证据，证明他们并没有因为听了紧张的音乐而变得更加愤怒。最后，听音乐的被试者在从讲述让他们生气的事到听自己的音乐播放列表的过程中，他们的心率仍然保持较高水平，这一事实表明，激烈的音乐使参与者能够延长——更充分地体验——与发怒相关的生理唤醒。

现在，你可能会觉得，延长青少年愤怒的时间听起来是件坏事。让我来解释一下。研究人员最终发现，能够真正置身于生气的体验中，有助于听音乐的人扭转局面，让敌意、恼怒和压力等负面情绪让位于充满活力和激情的积极情绪。换句话说，聆听音乐带来的沉浸式的情感体验似乎能让被测试的青少年快速度过消极情绪，并从中走出来。虽然这项研究的重点是愤怒和极端音乐，但其他研究发现，当青少年悲伤时聆听旋律悠扬的音乐，也有类似的益处。在为悲伤找到出口后，他们会更快获得一种解脱感。

现在我们回到熟悉的话题：心理痛苦是人生不可避免的经历，而正常的青春期总伴随着挑战和失望，这也是青少年不可回避的事实。因此，我们的目标不是预防或赶走青少年的痛苦，而是帮助青少年调节情绪。这在一定程度上意味着，要确保他们找到健康的方式来排解不舒服的情绪。青少年通常会出于本能，主动这么做——也许是通过谈论心事，也许是通过在蹦床上高高跃起，在后院狂喷汽水，打架子鼓，或者聆听精心选择的音乐播放列表，等等。

对于这些非语言的情感表达方式，成年人有两项工作要做。其一是承认并接受青少年有时会使用古怪但适应性强的策略来宣泄情感；有些看起来莫名其妙的行为，对孩子的情绪可能非常有意义。其二是积极支持他们别出心裁的做法，无论它们在我们看来多么古怪。如果你的孩子为紧急缓解情绪而让你付出的代价只是一罐汽水和一条湿漉漉的车道，那你应该觉得赚到了。

识别不健康的情绪表达

如果青少年表达情绪的方式对自己或他人造成伤害，该怎么处理呢？有时，青少年放学回家后情绪低落，而弟弟妹妹恰好在错误的时间出现在错误的地点，他们就会用行为或言语向无辜的弟弟妹妹发泄不满。有时，愤怒的青少年会对关心他们的人说一些伤人的话。这类情况一定要认真对待。青少年的情绪可能是完全合理的，但情绪的表达方式却有问题。作为在现场的成年人，我们要帮助青少年学会看清这一关键区别。你可以说："我知道你今天过得很不容易，但朝妹妹撒气并不是解决问题的方法。你可以告诉我出了什么事，也可以去跑跑步，或者找其他方法让自己好受些。别把你妹妹扯进来。"或者"生气没关系，但你不能这样对我说话。等你冷静下来再谈吧。"

即使青少年把他们的伤害行为归咎于情绪，想要博得我们的同情，比如解释自己脾气暴躁是因为感到焦虑或压力，但我们也不应该就此作罢。你可以说："如果你想谈谈让你焦虑的原因，我很愿意听，但是对我发脾气只会让我们都感觉更糟。"如果你时常需要重新引导青少年的情绪表达方式，那么你并不孤单——可以说这是养育青少年过程中必然会遇到的挑战。只要青少年能够找到无害的方式来宣泄自己的情绪，即使他们有时需要提醒，也没有必要太担忧。但是，如果你的孩子似乎陷入了某种表达情绪的困境中，虽然可能会得到短暂的解脱，但却会伤害他人，或损害重要的人际关系，那么请咨询心理健康专业人士，寻求指导和帮助。

有时，青少年释放情绪的方式很难不让人担忧。我们在第 2 章中提到，尤其是男孩（虽然不只是男孩），有时会通过攻击或暴力的方式来排解压力。此外，青少年有时也会通过伤害自己来缓解情绪上的不适，比如他们会割伤自己或进行其他形式的自我伤害。

无论是向外还是向内的暴力行为，都有一些重点需要注意。首先，伤害他人或自己的青少年是在向我们表达，他们正在遭受痛苦，而且没有健康的方式来表达这种痛苦。其次，依赖暴力的青少年需要得到帮助，无论伤害的是谁。这种帮助应该以专业指导的形式出现，这样他们就能理解他们的破坏性行为背后的原因，并制定出健康的策略来缓解情绪。最后，情绪表达的强度不应影响青少年成长的关键环节。青少年有时会感到紧张，但这种紧张不应过于强烈或持续，以至于妨碍他们上学、与同伴相处或做其他该做的事情。青少年有时会感到愤怒，但他们的愤怒不应过于强烈或普遍，以至于妨碍他们结交朋友或维持友谊。青少年有时会感到悲伤，但悲伤的表现不应使他们丧失希望、快乐或有所作为的能力。如果出现这种情况，就应该寻求专业评估，因为青少年可能患有焦虑症、情绪障碍或其他疾病。

当青少年感到情绪强度增加时，他们要能够以适应性的方式来表达。青少年可能对如何做到这一点有很好的直觉，但在帮助青少年培养良好表达情感的能力时，成年人的关爱和支持会起到很大的作用。

除了表达之外，情绪自我管理还有另一面：必要时控制情绪的能力。现在，让我们就把注意力转向这个方面。

第5章

Chapter 5

管理情绪，第二步：帮助青少年重获对情绪的控制

■ ■ ■ ■ ■

星期一早上 8 点 59 分，我的手机响了，是一个我不认识的号码。遇到陌生号码，我通常会让电话转到语音信箱。但那时我正好有空，就接了起来。

“哦！达穆尔医生，”一个显然正打算留言的男人说，“真高兴你能接电话。我是马克，安娜的爸爸，去年安娜 13 岁的时候，你和我们见过面。”

“是的，我记得你们。”我说。回想起马克和他的妻子瑞秋曾来过我的办公室，那时安娜正处于“分离—个体化”过程中最令人难受的时期，比如她坚持要妈妈在她的朋友来之前换掉“破破烂烂”的衣服，诸如此类。

“你们还好吗？发生了什么事？”

“嗯，我们还好。”他温和地说，“当然，如果一切都好，我就不会打电话了……”

“嗯，我想也是。”我轻快地说。

"不过，大部分时候都很好。安娜的情况总体上比我们和你见面时要好得多。事情的发展和你预料的差不多。她后来非常认真地参加了机器人社团，再加上她上高中了，找到了一群感情牢固的朋友，这一切都让她的情况大为改观。安娜做得很好，她开始明白自己想要什么了，她似乎变得更自在了。最近大多数时候，她都很开心。"

"我很高兴听到这个消息。13岁是一个充满挑战的年龄，但对于青少年来说，一切皆有可能。"

"但是又出现了一些新情况，"他说，"我和瑞秋不知道该怎么办。安娜现在非常担心她爱的人会死，她似乎无法摆脱这种担心。她告诉我们，她害怕我、她妈妈或其他她关心的人遭遇不测。我们做什么或说什么都安抚不了她。我们能约个时间与您会面吗？"

"当然可以。"我说，"周四怎么样？"

那周晚些时候，马克和瑞秋相依坐在我的沙发上，他们现在的担忧与一年前截然不同。

"能做的我们都做了。"瑞秋说，"我们让她倾诉恐惧，我们希望，如果看到我们并不为她的恐惧所困扰，也许能让她平静下来。我们告诉她，我们理解她的感受，意识到所爱的人总有一天会离开，确实非常令人难过。我们让她放心，我们会好好照顾自己，我们会一直在她身边。"

马克补充说:“看着她被这些疑虑折磨，实在是难过。我告诉她，如果我作为旁观者都觉得难受，那么她置身其中一定非常痛苦，她说确实如此。我们劝她不要去想，或者不要想太多。但她说她也想停下来，但就是做不到。”

“是发生过什么事，导致了这样的担忧吗？”我问，“是有人去世了，还是她看了有关死亡的节目或书？”

瑞秋立刻回答:“我也是这么想的！我问过她，但安娜说不是这样的，她的担心似乎是没来由的。我们真的不知道这一切是怎么发生的。但这让她很痛苦。而且她说得越多，似乎感觉越糟糕。”

我停顿了片刻，考虑了一下，然后说:“我知道安娜最近刚满 14 岁，这个年龄段发生的一件大事是，大脑的正常变化会导致抽象思维能力突然增强。大多数情况下，这是好事。14 岁的孩子会突然变得比以前更有洞察力，能从新的角度看世界。但根据我的经验，抽象思维能力的增长也会带来一些令人不安的现实问题。”

在长期的工作经历中我了解到，青少年被这种全新的思维方式吓到是很正常的。我治疗过一些青少年，他们和安娜一样，尽管早就知道死亡的存在，但却突然对生命的无常感到震惊。或者，他们发现自己被一些深奥的哲学问题所困扰，比如：当世界上存在着如此多的苦难时，自己是否有权享受快乐？抽象思维的出现甚至会让人产生超现实的想法。我曾经治疗过一个男孩，他在我的办公室里坦承，他怀疑生命是不是一场精心设计的闹剧，是一个除了他之外，人人都参与其中的大笑话。我也记得自己在大约14岁时，曾短暂地想过，我可能不是一个在丹佛土生土长的普通孩子，而是一个外星物种的成员，意外地被丢弃在地球上，作为人类长大。

大多数情况下，青少年都能抛开或放下这些令人不安的存在主义问题（就像我很快就放下了“我生活在错误的星球上”的想法一样），但偶尔他们也会纠结其中，安娜就是这样。事实上，安娜的纠结凸显了情绪调节的一个关键问题。通常情况下，表达情感就能带来足够的缓解。但如果不能，就需要采取其他方法。

“根据你们告诉我的情况，”我对瑞秋和马克说，“你们做的没错。你们鼓励安娜谈论她的恐惧，你们充满同情，很有耐心，你们甚至敏感地意识到深陷这些困扰对她来说多么痛苦。让青少年谈论困扰他们的问题通常会让他们感觉好些。但是，当谈论情绪似乎并不能带来安慰时，我们就需要尝试其他的方法。我们的目标不是让她有更多表达，而是尽量不让她的情绪失控，毁掉一切。”

当情绪需要被控制

概括地说，情绪调节依赖于一对相辅相成的方法：为不舒服的情绪找到出口，以及在需要时找到控制情绪的方法。上一章的内容旨在帮助青少年抒发情绪、缓解压力，这一章我想说说如何帮助青少年在情绪失控时重新控制情绪。

在我们深入探讨如何在必要时帮助青少年控制情绪之前，有一个关键点需要重申：应对青少年的心理困扰时，在考虑采用本章的任何方法之前，务必先穷尽我们所有方法，先帮助他们表达情绪。瑞秋和马克就是这样做的，他们与安娜谈论她的担忧，并对她的担忧所带来的不安感同身受。当这些做法都无济于事时，他们才打电话给我。

在引导青少年控制情绪之前，为什么需要先给情感表达一个发挥作用的机会呢？我将给你四个很好的理由。首先，为不舒服的感觉找到一个健康的出口——例如讨论它们、好好哭一场、听悲伤或愤怒的音乐等——通常能发挥作用，为青少年的情绪提供必要的缓解。第二，可以和我们的孩子谈论他们情绪的起起落落，是养育孩子最丰富的一个部分，这对加强亲子关系有很大的帮助。第三，对青少年身上的压力表现出我们的关爱，能为他们树立一种体贴的同情心的典范，他们应该以此作为看待所有亲密关系的标准。第四，如果我们不给情感表达一个发挥其魔力的机会，那么本章提供的任何策略很可能不会奏效。

尤其是第四点，大多数父母，包括我在内，都是经历了一番波折才有所领悟。一个青春期孩子告诉他的妈妈，他对即将到来的辩论赛感到紧张，妈妈温和地建议他多花点时间准备自己的论点，结果他怒气冲冲地离开了。一个女孩哭着向爸爸抱怨繁重的历史作业，爸爸指出，她经常熬夜，如果多睡一会儿可能会感觉好一点，这会让女儿变得更加心烦意乱。在这两种情况下，父母的建议可能都是正确的，但是，如果我们的第一反应是向青少年指出该如何控制自己的不适，他们往往会感到被忽视或者没效果。因此，在本章中，我们将不仅详细介绍许多帮助青少年控制情绪的方式，还需要考虑如何引入这些方式，才能让青少年更愿意接受和尝试。

那么，我们怎么知道何时该引导青少年控制情绪而不是表达情绪呢？这里有一个很好的经验法则——当表达不起作用，情绪变得非常强烈或难以承受，以至于阻碍了青少年做他们想做或该做的事情时：如果你的孩子在辛苦忙碌了一天后脾气暴躁，拒绝谈论出了什么问题，但仍然能够完成家庭作业并帮助收拾餐桌，那么你可以后退一步，让他发发脾气，并相信他的麻烦会自行解决。但是，如果你的孩子因为害怕会把事情搞砸而想取消一个重要的面试，而谈论他的担忧并不能给他安慰，那么就应该帮助他把恐惧的感觉控制好。

有很多方法可以帮助青少年控制破坏性的情绪。让我们先来看看转移注意力的好处。

转移注意力——情绪调节的重要工具

提到转移注意力，或者叫分心，我们通常会认为这是件坏事。当然，当我们需要专注于工作、谈话或者开车时，可能这是件坏事。但转移注意力有时是青少年调节情绪的一种简单、实用、有效的方法。这是一种他们经常凭直觉使用的策略。例如，想象一下，你的孩子在学校过了特别辛苦的一天，刚回到家，已经疲惫不堪的孩子放下书包，开始整理晚上的作业。随着作业越堆越高，他内心也越来越烦躁。他越盯着自己的作业看，想着如何度过这个夜晚，就越发沮丧。他感觉到自己快要被怨恨的情绪淹没，赶快把注意力转向电脑，开始搜索搞笑视频。他看了一个又一个小视频，惊慌失措的感觉逐渐消失了。20 分钟后，他关上电脑，回到一堆作业前，开始做第一个作业。

把刷短视频作为一种情绪调控的明智策略，似乎有些奇怪。但是让我们考虑一下其他的选择可能导致的结果。如果这个男孩任由痛苦情绪不断积累，把他淹没，最终变成愤怒的爆发呢？或者如果他情绪崩溃了，需要一个小时才能恢复，然后才能开始写作业呢？那么通过长跑来消除烦躁怎么样呢？这本身是个缓解不适的好办法，但在那个晚上却并不适合，因为他没有那么多时间。如果——我知道这是一个很大胆的假设——青少年能将他们分散注意力的活动保持在短暂的、能让人放松的时间间隔内，那么我们就应该静静地欣赏他们是多么自然、无缝地调整注意力的焦点，以此来帮助自己保持情绪平衡。

有时候，适当地分散注意力对情绪超载的青少年来说是有益的。但是他们往往无法主动这样做，因为他们在情绪中陷得太深，就像安娜的担忧一样。这时候大人就应该及时出手。

“现在对安娜最有帮助的是，”我对瑞秋和马克说，“看看你们能否帮她把思路转移到新的轨道上。”

“好吧。”马克说，“但我不确定我们能行，因为她似乎被困在这个问题上了。”

“这需要做一些安排。”我说，“我认为第一步是直接告诉她，你想要尝试新事物，并解释原因。如果你告诉她，你本来希望通过讨论担忧，能让她感觉好一点，但实际情况却并非如此。因此你想换一个角度试试。这样的说法她能接受吗？”

“我想她能理解。”瑞秋说。

“然后，你可以告诉她，你想看看如果她减少对那些事情的关注，心情是否能平静一些。”

“但是我们已经建议过她，让她别想了。”马克反驳道，“她说她做不到。”

“对，”我说，“但我认为在这方面我们可以做更多努力。一个办法是，你和她谈谈，告诉她，思想就像一台电视，当她又开始担忧死亡的时候，她可以转换频道。”

“她怎么能做得到？”瑞秋表示很怀疑。

“你可以引导她想想，她还能想些别的什么，她可以转到其他什么频道？也许她可以列一张暑假计划的清单，如果她喜欢的话，可以画出如何重新装修房间的草图，或者玩一款网络游戏。如果她有时间，她也可以通过徜徉在一本好书或一部电影中，来改变思维频道，让大脑忙碌起来。”

“你说这是其中一个办法，”马克说，“我不确定她会不会接受。我们还有其他选择吗？”

"当然。"我说，"你比任何人都了解安娜，你最清楚什么对她有用，什么没用。另一个选择是留出专门的时间让她和你谈谈她的烦恼，但要有计划地限制这个时间——比如每天晚饭后 10 分钟，或者如果她愿意，可以在每隔一天的晚上。"

"这听起来更有希望。"瑞秋说，"你是说，如果她知道我们为她的担忧安排了专门的时间，那么她白天就能想别的事情了吗？"

"是的，正是这样。关键在于通过指定一个特定的、有限的时间让她专注于她的烦心事，从而尽可能地把她的思绪从这些事情上拉出来。我觉得你可以这样向她解释：你希望她把对死亡的想法留到安排好的时间去思考，其他时间就考虑别的事情。"

"这确实是可行的。"马克说，"因为我真的觉得，如果她能不要对死亡想得太多，她会感觉好很多。但我们还没有真正了解问题的根源。我们不应该试试吗？"

"你说得对，"我说，"我们还不了解问题的根源。虽然我的工作通常是帮助青少年探索、理解和表达他们的痛苦感受，但有时我也会破例，这就是其中一个例外。对这类担忧，我发现，一旦抽象思维能力对青少年来说不再那么新鲜，他们的存在主义担忧通常会自行缓解。不过，与此同时，让我们来帮助安娜摆脱这些恐惧。”

他们离开我的办公室，同意试一试我们的计划。一个月后，马克打电话给我，告诉我一个好消息。“安娜明显好多了。”他说，“她喜欢这个方法。预先安排好谈论担忧的时间，这样，在一天中的其他时间里她就可以忽视它们了。起初，我们坚持每天晚上一次，之后她说她不想那么频繁地谈论她的恐惧了。上周，她只提过一次。我不知道她情况好转是因为她的神经不那么紧张了，还是像你说的，她只是习惯了能够更深入地思考各种事情。不管怎样，她看起来又恢复了以前的状态。”

用分散注意力来暂停痛苦的想法，可以帮助青少年不会情绪崩溃。这比简单地说“别再想那些感受了”有更重要的意义。事实上，其间有几个更微妙的过程在发挥作用。首先，远离困扰他们的事情可以给青少年一个正确看待问题的机会。就像一个高二学生曾经对我说的那样：“在学校里可能会遇到麻烦，我会不停地想，感觉好像这是世界上最重要的事情。然后我会去训练场上运动几个小时，忙得顾不上想它。训练结束后再想起这个问题时，我甚至不明白为什么它会让我如此困扰。”其次，长时间沉浸在一种令人不安的感觉中，会导致血压和心率升高，压力荷尔蒙释放到血液中。把注意力转移到其他事情上，有助于让身体放松，让它得以从苦恼的问题带来的沉重生理负担中恢复过来。分散注意力是一种有特殊价值的方法，可以减轻难以解决的问题引起的压力。

当孩子陷入痛苦的心理困境时，如果我们认为转移注意力可能有帮助，那么我们可以采取一些措施来让这样的建议更容易被接受。首先，我们应该像安娜的父母那样，在考虑使用分散注意力作为新策略之前，先确定谈论问题没有效果。其次，我们应该清楚地说明为什么我们要从鼓励谈论问题转向鼓励分散注意力，可以从以下几个方面来沟通："谈论这些似乎并没有让你感觉更好。你觉得暂时不去想这件事是个好主意吗？"最后，我们可以明确表示，我们只是在这个话题上按下暂停键，而不是想要彻底终止讨论，要制订一个计划，在一两天内再次回到这个问题上，看看是否有改观。帮助孩子摆脱那些占据他们全部心思的烦恼，并不能消除他们痛苦的根源，但可以防止他们再次被情绪淹没。

微小的快乐，巨大的情绪调节

当我们感到沮丧时，都会寻找自我安慰的方法。辛苦工作一天后，我们可能会躺在沙发上看杂志，洗个泡泡浴，或者多吃一块甜点。而对青少年来说，安抚措施尤其有用。

青春期孩子神经系统的发育，使他们对一切事物的感觉比我们其他人更敏锐。不舒服的感觉对他们的打击更大，但幸运的是，安抚措施的效果也更明显。我清楚地记得，十几岁的时候，我是多么享受一边听着音乐，一边在蜿蜒的道路上开车的感觉。伴着一首好歌开过弯道时，我仍然能感受到一丝往日的幸福。但我知道，这样的时刻再也不会像17岁时那样让我精神振奋了。所以，当你的孩子明显感到不安，但又没有心情说话时，不要低估了看似微小的快乐的力量。当你的女儿在度过了糟糕的一天之后，蜷缩在毯子下，享受一杯她最喜欢的茶，你可以退后一步，欣赏她重新获得的平静。你要坚持建议你的儿子去他最喜欢的餐厅叫外卖，这可能会大大缓解他在班级选举中失利的失望情绪。当我们知道孩子不高兴时，我们想到的画面是：孩子告诉我们出了什么问题，这样我们就可以提供我们的同情，或者建议。但孩子——因为他们没有心情说话，或者因为他们觉得说话没有用——心里的画面可能是喝点热巧克力，和狗一起安静地散步，或者看看老照片。

每个孩子认为能提供安慰的事情都不一样。适用于一个青少年的方法不一定适用于另一个青少年。每当我希望帮助青少年找到自己喜欢的应对不适感受的方式时，我总是会在很多青少年在场的时候提出这个问题。我会对他们说："如果有什么事情实在让你很烦，打扫房间会不会让你感觉好一点？会的话请举手。"通常情况下，观众中大约三分之一的青少年会举手。当他们把手放下后，我会说："好的，如果打扫房间是你在感觉糟糕的时候最不愿意做的事情，那么请举手。"另外三分之一的人举起了手。（剩下的三分之一，我一直认为，他们并没有发现卧室状态和他们的情绪之间有多大的联系。）

所以要注意什么事情能安慰你的孩子。当感觉很糟的时候，一些青少年会花很长的时间洗澡，另一些则会涂鸦、冥想、烘焙、烹饪、玩电子游戏，或者反复看他们最喜欢的电影、电视节目，或者阅读。当青少年心情不好的时候，听音乐是一个特别受欢迎的选择。正如我们从前一章所知，当他们感到悲伤或低落时，他们有时会选择与情绪匹配的歌曲来帮助催化愤怒或悲伤的表达；也有的时候，他们选择与自己情绪相反的音乐——播放快乐或欢快的歌曲——来帮助自己感觉更好。

你可能已经注意到，在分散注意力和得到安慰之间并非总是有一条清晰的界线，而且也不需要有。重要的是，我们要认识到，青少年通常凭本能就知道如何平息自己汹涌的情绪，我们要敏锐地察觉他们的策略，并好好利用。

我的一个朋友观察到，她的儿子感觉不顺利时，回到家后会和狗狗一起在地板上打滚。了解这一点之后，有一天她去篮球场接儿子的时候，特意带上了狗，因为她担心儿子会带来没有入选球队的消息。我们应该尊重孩子喜欢的自我安慰方式，即使他们做了一些我们认为很傻的事情，比如化妆游戏。当一个不开心的孩子不想说话，或者发现说话没有帮助时，可以考虑问他："有没有什么事能让你感觉好一点？你想好好泡个澡吗？"

当谈到青少年选择什么方法安慰自己时，成年人应该注意到另一件事。许多青少年发现，参与我所说的"情感时间旅行"能带来安慰。成熟又能干的高中女生有时会通过观看她们小时候喜欢的《狮子王》或老的电视节目来重新找回自我。一些好几年前就已经开始刮胡子的男孩，在需要调整情绪时，仍然会沉浸在《内裤船长》的书中。青少年向我解释说，回到《花木兰》或波西·杰克逊的作品中，他们就回到了一个压力小得多的生活时期。花一两个小时重温旧时光，那时他们没有粉刺，没有期末考试，也没有暑期工作，这样做可以帮助青少年重新站稳脚跟，再次迎接青春期的各种需求。如果你一回头，发现你已经长大的孩子正躺在沙发上，就在他 7 岁时最喜欢的那个位置上看《菲尼亚斯和弗布》，不要向他投去嘲笑的目光。相反，要学会欣赏青少年如何在需要的时候能够以创造性的方法，有效地恢复心理平衡。

认真对待睡眠

作为一名心理学家，我经常遇到生活陷入困境的人。杰德就是其中之一。我走进候诊室，向杰德作自我介绍。他来找我是因为他一个最好的朋友最近在一场车祸中丧生。在收到杰德母亲的消息前，我就听说了这件事。

她是由杰德的儿科医生介绍来的。她在语音信箱里留言解释说，当最初的震惊消退后，杰德“崩溃了”，时而麻木，时而愤怒，时而沮丧。她还告诉我，他对治疗持怀疑态度，只是勉强同意与我见面。

当我走出去迎接他们时，我看到杰德坐在妈妈身边，身体前倾，胳膊肘放在膝盖上，双手紧握。他透过前臂间的三角形空隙盯着地板。他没有直起身来，只是转过头表示看到我进来了。“你好，”我说，“我是达穆尔医生。”杰德的母亲对我与她儿子见面表示了感谢。杰德懒洋洋地挺直了身子。他一句话也没说，却已经表明了态度：他会跟着我去咨询室，只是因为他别无选择。

进了我的办公室后，杰德默默地打量着我，依旧一言不发，却传递出了很多信息。他的目光在说："女士，我对你一无所知。你不可能指望我会与一个一分钟前刚认识的人毫无保留地分享我的痛苦和极度的脆弱。"事实上，我觉得杰德无言地表达了一个很好的观点。咨询治疗是一种很奇怪的安排。寻求心理咨询的成年人愿意接受这样一个前提，即与一个训练有素的陌生人分享亲密的想法和感受是有帮助的。然而，青春期的孩子可能会觉得这是一个相当奇怪的想法，未必会赞同。

与其等着杰德决定敞开心扉，我觉得不如借用我从杜安·李·查普曼[①]——一个广为人知的名字是"赏金猎人道格"那里学来的一句台词。（如果你不熟悉道格，那么我告诉你，他是一个真人秀节目的明星，肌肉发达，饱经风霜，留着金色的大背头，节目讲述了他寻找和逮捕逃犯的故事。）

有一天晚上我换台的时候，正好看到道格敲一个逃犯

① 译者注：Duane Lee Chapman，电视真人秀《赏金猎人道格》（*Dog the Bounty Hunter*）的主角。

的门。门开了，道格注意到他的追踪对象一脸惊讶的表情，他平静地说："是的，我不认识你，你也不认识我。但我们必须一起离开这里。"然后他再解释，对方要么乖乖听话，要么尝点苦头。我很钦佩他坦承当下奇怪的局面时轻松而准确的方式。而且从临床角度来看，我认为这种方法会受到青少年的欢迎，因为他们通常对看似虚假或不真实的互动很敏感。

借用道格的方式，我温和地对杰德说："是的，我不认识你，你也不认识我。但我知道你的朋友去世了，我是来帮你的。"杰德的身体放松了，脸上的表情也发生了变化，现在传递的信息是："好的，女士。我现在至少知道一件事，你不会信口开河。"我利用他打开的这个小小的缝隙问："你是想谈谈那次事故呢，还是让我问你几个问题，稍微了解一下你？"

"你可以问我一些问题。"他淡淡地说。

于是我问了杰德一些直截了当的问题：他在哪里上学，他的家庭构成，他是否一直住在我们这个地区，以及他打算在大学里学什么。我避开那次事故，等着看他是否会提起这件事，最终他提起了。

"我打算主修工程学，马蒂本来也是这么打算的。"

我知道马蒂就是那个去世的男孩。我点了点头，轻声回答:“我明白了。”然后我们静静地坐在一起，这是我多年来作为临床医生已经习惯了的状态。我对待沉默的从容态度似乎也能帮助青少年感觉好一些。我希望让杰德明白，我不会贸然提出有关事故的问题，这样他就会有安全感，可以告诉我更多相关的事情。他谈了很多事，包括事情发生时他收到了一连串的短信，在得到学校的证实之前，他无论如何都不相信这是真的，他在葬礼上觉得“一切都那么不真实”，以及现在他“感觉不对劲”。

我一直听着他说话，等到他停顿了很长一段时间，我才说:“我为马蒂的事感到难过，我很高兴你来我这里，因为你应该得到所有人的支持。我能问你一个问题，来帮助我们思考如何让你渡过难关吗？”

“当然。”

“你的睡眠状况还好吗？”每当陷入危机的人们来找我时，我都会问这个问题，以此来判断下一步的工作方向。如果答案是肯定的，我就开始帮助对方处理危机。如果答案是否定的，我会优先帮助他们获得睡眠。为什么在处理其他事情之前必须先睡好觉？因为睡眠能帮助人类维持正常功能。即使没有悲剧发生，失眠的人很快就会发现他们很难控制自己的情绪。我们可能从自己的生活中已经意识到了这一点，科学研究也有充分的证明。例如，一项研究要求父母在青少年连续五晚睡 10 个小时后给他们的情绪打分，然后又在连续五晚睡 6.5 小时后再给他们的情绪打分。正如人们所预料的那样，睡眠不足的青少年更加焦虑、充满敌意、困惑、易怒和情绪化。

杰德回答了我的问题："我睡不好。我晚上非常难熬。我甚至并没有一直在想马蒂，而似乎就是无法平静下来入睡。"

"知道这个很重要。它帮我们开了个头。因为如果不睡觉，无论如何你都会感觉很糟糕。首先你要有充足的睡眠，我们才可以做更多的事情来帮助你找到解决问题的方法。"

然后，我会列出一系列行之有效的策略，帮助青少年入睡且睡得安稳。杰德喜欢运动，并且愿意增加日常锻炼的强度，因为我向他解释说，增加运动已经被证明可以改善青少年和成人的睡眠质量。杰德不喝含咖啡因的饮料，所以我没有像往常一样建议他中午前戒掉咖啡因。

"不要把睡眠想象成一个你可以来回拨动的开关，"我说，"而是把它想象成一个你找对道路后就能够到达的目的地。如果你想在 11 点睡觉，你就得提前上路，意思是要在 10 点前停止使用科技产品和其他任何可能让你兴奋的东西。"

当孩子经常因为小事过度紧张，反应异常或喜怒无常时，我们应该考虑到是否存在他们没有睡够青少年所需的

8 到 10 小时睡眠（是的，你没看错，8 到 10 小时）的可能性。如果你怀疑睡眠太少可能是罪魁祸首，你也许可以慈爱地说："亲爱的，现在你的状态不好，整个人就好像是用透明胶带粘在一起的。我知道你很忙，我在想，让事情困难的部分原因是不是你非常非常累。"和你的孩子好好谈一谈令他不堪重负的时间安排（这是实际情况），并且要能够灵活考虑哪些事情可以忽略、暂停或取消，至少可以暂时取消，以便有时间多睡一会儿。对于那些坚持认为疲劳不是问题，即使有问题，也能用咖啡因解决的青少年，我们可以看看他们是否愿意尝试一个"实验"：他们先试试在几个晚上增加睡眠，看看情况是否会有变化。当青少年得到更好的休息时，他们也更加理性。经过几个完整的夜晚的睡眠，他们的油箱再次加满，他们也许能够意识到自己的内心有多么强大，这样就更容易说服他们：睡眠需要优先考虑。

有意识的呼吸——听起来荒谬，但效果很好

当青少年被情绪淹没时——无论是沉浸在悲伤中还是被焦虑淹没——有一种方法可以帮助他们从中抬起头来，

那就是深呼吸，缓慢地、深深地呼吸。这是从事高压力工作的专业人士（例如美国海军海豹突击队）使用的一种值得信赖的技术。但是，如果你试图告诉一个极度沮丧的青少年，深呼吸会让他感觉好一些，你可能会得到一个白眼。青少年天生对那些不符合直觉的建议持怀疑态度，而且他们确实没有明显的理由相信呼吸模式和他们当时的感受之间会有什么联系。即便如此，你仍然可以说服你的孩子接受这个想法，但必须解释其中的科学原理。

每当我想要说服一个青少年，让他相信有意识的呼吸是一种快速重新掌控情绪的策略时，我都会先承认，通过深呼吸来管理失控的情绪听起来有些牵强。以此作为敲门砖，我会接着解释说，虽然听起来有点神秘，但它实际上是一种基于生物学的干预，让我们得以进入并控制我们自己神经系统的方法。

我们的神经系统由两个网络组成。首先是交感神经网络，它“同情地”回应我们每时每刻的经历。当我们感觉到威胁时，交感神经网络就会激活。大脑中感知威胁的那个部分在穴居时代就已经存在了，它的分辨力并不是很精确。它几乎将任何威胁视为老虎，从而引导交感神经网络调动我们的“战或逃”系统，顾名思义，这个系统为身体做好攻击或逃跑的准备。

这样的解释往往能帮助青少年在紧张的时候感觉好一点。当我和来访的青少年谈论引发焦虑的经历时，我经常会说："我知道焦虑带来的身体症状的确会让人感觉失控，但它们实际上有一个古老的逻辑。你大脑中'穴居人'的部分无法区分老虎和化学考试，所以它会加快你的心率和呼吸速度，以便将富含氧气的血液输送到你的大肌肉群。你的大脑让你的身体做好战斗或逃跑的准备，不管你实际面对的是什么。"

青少年还需要了解神经系统的副交感神经网络（"副"的意思是协助）。当威胁消退时，副交感神经网络会接管工作，使交感神经系统的活动平静下来，让身体恢复到休息状态。每当焦虑激增又消退时，我们都会感受到交感神经和副交感神经网络的先后作用。如果你收到一封主题为"严重问题"的工作邮件，你的交感神经系统可能会被激活。如果在阅读邮件后，你意识到问题并不严重，你的副交感神经网络最终会激活并使你的身体平静下来。但问题是：一个被焦虑或任何其他形式的情绪波动压垮的青少年，可能不愿意只是等待交感神经系统停止活动、副交感神经网络发挥作用。这种情况下，有控制的呼吸就可以一展拳脚了。

有意识地呼吸——也就是说，深深地、缓慢地呼吸——能够启动副交感神经网络的引擎。它的机制是什么呢？我们最好的猜测是，有控制的呼吸很快就会被肺部表面的神经网络检测到。这些神经不断地监控着我们的呼吸——以避免我们窒息——并将这些信息传递给大脑。受到威胁时，大脑会让肺部加快速度。但当我们无视指令，故意缓慢而深深地吸气时，肺部的神经就会把我们呼吸的变化记录下来，作为安全的证据，因为这就是我们感到安全时的呼吸方式。神经将这种新的、让人安心的信号传递给大脑，进而启动副交感神经网络的镇静作用。

只要青少年明白为什么有意识的呼吸可以抑制焦虑或其他形式的情绪困扰，剩下的事就很简单了。和你的孩子一起坐在电脑前，搜索常见的呼吸技巧。你会找到很多对他有吸引力的东西，而且很容易上手。对于那些经常或很容易情绪激动的青少年来说，在平时平静的时候练习控制呼吸是个好主意，这样他们就可以在情绪高涨的时候更容易进入有意识的呼吸状态。

如何给青少年建议

有时候，困扰青少年的问题的解决办法其实是显而易见的。你的孩子通过电子邮件给老师发了一个重要的问题，但没有收到回复，现在很烦恼，或者他找不到他想穿的牛仔裤，不知道该怎么办。当我们成年人明知有一个可靠的方法可以解决这个问题时，我们几乎不可能抑制提供建议的冲动。有时，我们的孩子会立即欢迎并感激我们的指导。但这种情况很少。通常，我们试图提建议的场景更像这样——

心烦意乱的青少年："哎！今天历史课我们分小组做一个大项目。我们组遇到了难题。一个叫特洛伊的孩子，他显得自己什么都知道，什么都想管，但实际上什么事都不做。我们都不想让他参加这个小组，这个项目可以得到很多学分。"

表示关心的成年人："嗯……也许你可以和小组的其他人谈谈如何对付他。"

心烦意乱的青少年："什么？不行！你根本就搞不清状况。"

既然这些建议是那么合理、那么不具威胁性、那么有帮助、那么容易实施，为什么事情没有改善呢？这是因为一个常见的、可以理解的失误：面对一个焦躁不安的青少年，我们这些充满关爱的成人跳过了表达手册中的所有选项，试图直接使用明智的指导来控制情绪。我毫不怀疑，与小组成员讨论，可以把特洛伊的问题降低到可忍受的程度。然而，对于大多数青少年（或成年人，就这类事情而言）来说，在他们觉得自己的想法被倾听之前，接受建议是极其困难的。如果一个青少年要求你的指导，一定要给予指导。但如果一个青少年是在发泄情绪，那么，在提出解决方案之前，你无论如何都要先倾听，表示同情，也许还需要细腻地进行情感方面的总结——比如“我知道你一定很生气”“我想任何人遇到这种情况都会很恼火，也会担心可能导致的结果”。

好吧，假设你走上了正确的道路，认真而熟练地完成了上述所有工作，而你的孩子仍然感觉很糟糕，这时候你能提个建议吗？别着急！清单上还有一项：弄清楚孩子是否真的需要我们的帮助。你可以说：“你希望我和你一起想想这个问题吗？”如果你的孩子这样做了，那么提建议的大门现在已经打开了。如果你的孩子不需要你的帮助，不要绝望，给自己一些信心。你的孩子可能已经从你对他情感表达的出色支持中得到了他需要的。而且，因为你已经明确表示你愿意提供咨询，他现在已经知道了，你随时准备在必要时提供更多的支持。

想象一下，我们的孩子已经打开了提建议的门，我们现在可以自由地走进去吗？不，还不能！因为我们也许能做得更好。如果我们真的想帮助孩子熟练地解决复杂的问题，我们就应该充分利用可教的机会。与其给你的孩子一个解决方案，不如试着一起把问题分解成两类：不能改变的部分和可以改变的部分。“我明白了，”你可能会说，“和一个讨厌的小组成员一起做项目并不是那么有趣。让我们先弄清楚哪些事情你只能接受，哪些事情你可以有发言权。”我们假设这个沮丧的少女可能无法改变她和特洛伊在一个小组的事实。但是她也许能够在如何分配工作，如何让小组成员对自己的任务负责，以及如果特洛伊真的非常专横，她和小组其他成员可以选择如何回应等方面发挥作用。

从这里开始，你和你的孩子可以把你们共同的注意力集中在他能掌控的部分，一起来头脑风暴，解决问题。现在，你终于可以畅所欲言了。为了达到最佳效果，请把你智慧的明珠作为试探性的建议，而不是最后的结论。“关于问责制，”你可以问，“是不是可以在过程中设置检查点，向彼此展示你们各自对项目的贡献情况？这样有可能帮助大家确保特洛伊不跑偏吗？”至于那些“无法改变”的问题，我们的目标是帮助青少年接受现实，这样他们就可以继续前进，而不会被这些事困住。要做到这一点，尤其是对忙碌的青少年来说，一种方法是鼓励他们思考如何最明智地利用资源和能量：“看来你只能和特洛伊在一起了，所以你可能也不想花太多时间来盼望事情能有改变。也许你应该把精力放在你能控制的事情上。”

通过纠正思维来改变感受

当新冠大流行袭来，青少年心理健康需求激增时，我接到了来自全国各地朋友的电话，他们想知道如何为备受煎熬的青少年找到治疗师。在其中一些情况下，家长向我描述的问题非常明确，因此我觉得可以提供非正式的帮助。“你可能要花几个月的时间去找心理医生，”我会说，“与此同时，我很乐意和你的孩子通几个电话，看看我是否能帮上忙。这不是治疗，如果这还不足以改善情况，我会帮你寻求下一步的方法。”

因此，随着疫情的消散，我和 17 岁的丹尼尔通了电话，他是我大学时一个好朋友的儿子，但我从未见过他本人。在我们通电话之前，丹尼尔的妈妈向我解释说，丹尼尔最近在他的犹太青年团体中选上了领导职位。作为这个角色的一部分，他计划暑假和其他来自美国各地的高中生一起去以色列旅行。“丹尼尔总是有点社交焦虑，”她解释说，“他说他想去旅行，但他很担心如何与同去的其他孩子交流。这件事让他很紧张，我的任何安慰似乎都不起作用。他十分烦恼，所以当我建议他和你谈谈时，他答应了。这个孩子通常不会答应这种事情，所以……这次情况是真的很糟糕。”

在通话中，丹尼尔非常健谈。在几百公里之外，与一个他可能永远不会遇到的值得信赖的陌生人交谈，这种交流方式似乎正是他需要的。他彬彬有礼，谈吐得体，很快就进入正题。他告诉我，他也想对这次旅行充满激情，但他觉得“在疫情防控期间，我的社交技能倒退了”。他接着解释说，他在陌生人面前总是有点尴尬，不过他还是有几个多年老友。丹尼尔还提到，他认识几个将要同行的孩子，用他的话来说，他们“挺好的”。但那几个孩子本来就是好朋友，丹尼尔不确定自己是否能和他们成为伙伴。“我真的很担心，”他说，“我找不到人做伴。”

“住宿安排是怎样的？你会有室友吗？”我问。

“当我们到达那里时，会分配室友，但在耶路撒冷待了一段时间后，我们会四处旅行，住在不同的地方。我想，在旅行过程中，应该可以要求有室友。我还担心没人愿意和我住在一起。”

我向丹尼尔进一步询问了这个旅行团队的规模，他们在旅途中会做些什么，有多少成年人在场，以及这些成年人会提供什么样的支持。在他向我描述了各项情况之后，我同情地表示，进入一个新的、不确定的群体中，真是很容易令人焦虑——尤其是在疫情使人感到社交技能生疏的情况下。和丹尼尔的妈妈一样，我发现对他的恐惧表示同情并不能让他感觉好一点，所以是时候尝试另一种方法了。考虑到他去旅行是不可改变的事，我决定试着帮助丹尼尔从新的角度看待这个情况。

之所以这么做，是因为我知道，当人们产生与实际情况不成比例的焦虑反应时，他们的思维通常会在两个方面偏离轨道：他们会高估形势的糟糕程度，同时低估了自己的应对能力。为了纠正丹尼尔的想法，我首先对他“没人和我一起出去玩”的担心问了一些问题。我怀疑现实并没有他想的那么糟糕。

“听起来好像有很多孩子参加这次旅行，他们中的大多数人参与的原因和你一样。”我说，“在这么多孩子中，会有一些和你没有太多共同点的孩子。但你是否觉得，你应该能与至少两三个孩子建立联系，即使你们不会成为一辈子的朋友？”

“是的，有可能。我希望情况会比这个更好一些。但这也没关系。”

接下来，我把注意力转向丹尼尔的无助感。

“如果你最终连一两个朋友都找不到，你能向你们的旅行监护人寻求帮助吗？”

“那就太尴尬了，”丹尼尔告诉我，“我知道他们的工作就是为了确保每个人都相处得很好，但我觉得如果去让他们给我找个朋友，会显得我像个爱发牢骚的小孩。”

“我明白。”我回答，对他说的话表示同情。

“但作为破冰活动，组织者给我们开了几次线上会议。我在那些会议上没有说太多，但能看出来，有几个孩子和我一样非常喜欢电影，所以当我见到他们本人时，我想我可以这样打开话题，看看情况如何。”

“不错呀。”我用充满希望的语气说。

从可怕到可行，现在丹尼尔已经调整了他对形势的评估。我想看看我是否能帮助他从不同的角度思考他最害怕的结果。我小心翼翼地说：“我知道你担心自己在这次旅行中会孤单一人，我觉得这是不可能的。但我确实认为，如果我们直面这种可能性，并想清楚如果发生这种情况你该怎么做，那么你会感觉更好。”

“嗯……好吧。”他的回答听起来有些不安。

“那么让我们想象一下最坏的情况，”我提议，“如果你在这次旅行中真的感到非常孤独，你会怎么做？”

“实话说，这可就太糟糕了——我付出那么多努力，最后却只能熬到结束，赶紧回家。这样的结果让我觉得很烦。”

“是的，”我说，“我理解。如果你对此感到非常沮丧，你会怎么做？”

“我可能会在旅途中与成年人交流，或者在独自一人的时候给家里打电话。另外，我可能会读很多书。有一些书我一直存着没看，我已经把它们下载在手机上了。”

“所以，这确实很令人失望，但你能挺过去吗？”

“是的，我可以。我不想这样，但我可以做到。”

当青少年无法改变不想要的局面时，他们有时可以改变自己的看法。为了鼓励青少年，成年人也许会说:“想想你在旅行中可以做多少有趣的事情！”“我打赌你会找到很多孩子一起出去玩。”或者“记住，能参与这样的冒险，你有多幸运！”虽然我们的初衷是善意的，但很少得到好评。事实上，这些说法往往会让孩子更加坚信他们自己的立场，认为情况就是很糟糕。为什么？因为我们做得过火了。与其试图帮助我们的孩子对局面感到乐观，我们不如帮助他们变得更加现实。我没有试图让丹尼尔相信，他在旅途中不会遇到任何社交问题。相反，我的目标是帮助他更准确地估计问题的严重性，以及假如出现了最糟糕的结果，他能做些什么。

有时候我们不得不忍受一些不舒服的感受，让孩子接受这些事实，并不容易。而对父母——包括我自己——来说，要平静地面对正在承受痛苦情绪的孩子，同样不容易。但是可以这样想：害怕不愉快情绪的青少年往往会因此把自己局限在狭窄的道路上，而那些能够容忍某些不安和不确定的人则拥有更多的自由。以丹尼尔为例，一旦他接受了自己可能会遇到不情愿但可控的社交挑战，他就能够去以色列旅行（在那里他度过了一段美好的时光！）。为了帮助青少年接受适度的不适，尝试一下我对丹尼尔使用的策略可能会很有用。我们可以温和地反驳他们对情况可能有多糟糕的评估，并帮助他们意识到，自己有能力处理实际可能出现的情绪压力。

另外，我们可以通过鼓励练习正念冥想来帮助青少年增加他们对情绪困扰的容忍度。对于那些可能会受情绪支配的青少年来说，冥想可以培养他们冷静地观察情绪的能力。研究发现，焦虑或抑郁的青少年如果学会以超然的态度看待情绪——采用关注情绪而不是忍受情绪的观点——会带来显著的缓解。虽然让青少年接受冥想练习的想法是很有挑战性的，但即使是不喜欢正念的青少年也可能从这个小小的提醒中意识到，改变思维方式可以改变感受：想象你的内心是一个满是鱼的池塘。这些鱼就是你的感受。我们的目标是成为池塘。

帮助青少年获得一种新的视角

正如我所提到的，我非常喜欢青少年，经常对他们的忠诚、同情心、理想主义和创造性的幽默倍感佩服。所以我接下来要说的话不是挖苦，只是一个基于发展的事实：正常发育的青少年往往比其他年龄段的人更以自我为中心。这是有一定道理的。青春期的一个主要任务是成为一个独立的、明确的个体，所以青少年自然需要把更多的注意力放在自己身上。但这也意味着青少年很容易陷入自己的担忧中，有时会忽视大局。这通常不是一个大问题，随着年轻人的成长，他们往往会自己解决。然而，有时青少年将全部注意力都放在自我上，这就加剧了他们的情绪不适。当这种情况发生时，研究表明，帮助青少年走出自我，从旁观者的角度观察他们的处境，可以在两个方面提供帮助：一方面可以减少青少年的痛苦，另一方面可以帮助青少年更理性地思考他们所面临的挑战。

有这样一个相关的研究：心理学家邀请了一群大学生到实验室，让一半的人想象他们自己被恋人欺骗的情境，另一半的人想象他们最好的朋友被恋人欺骗的情境。接着，参与者被要求设想，被恋人欺骗对他们自己（第一组）或对他们最好的朋友（第二组）造成的后果。最后，参与者要回答一些问题，以评估他们客观推理的能力，例如："你看到了多少个不同的结果？""你在多大程度上考虑了冲突中另一方的观点？"研究人员发现，想象事情是发生在朋友身上的参与者，比那些想象事情发生在自己身上的人更能认真和客观地思考。

在临床中，当青少年陷入对问题毫无帮助和令人不安的思考旋涡时，我经常会尝试帮他们找到一个新的视角。我不止一次看到一个十几岁的孩子变得越来越烦躁，比如她说："我刚刚数学考砸了。这会毁了我的成绩，而且肯定会影响我申请大学。啊！我真是世界上最蠢的人！"我不会质疑她的推理，也不会指出其中有多少缺陷。我会试着让她跳出来看一看。"我想问你一个问题，"我会说，"如果你最好的朋友对你说了你刚刚对我说的话，你会对她说什么？"有了这么一点小小的推动，青少年通常就能对刚经历过的痛苦的个人危机采取理性的观点。"哦！我会告诉她，她根本还不知道自己到底表现如何。"青少年可能会说，"她可能比自己想象的做得更好。或者，也许大家都考得不好，老师就不会记录分数。即使她确实考得很差，她仍然有时间再多拿一些学分。这次考试不一定会改变她申请大学的结果。而且，这并不是因为她笨——她只是在上一门很难的数学课。"

虽然青少年经常可以通过从第三者的角度看待挑战来减轻情绪负担，但他们往往不能将自己的新看法贯彻到底。很多时候，青少年会给他们假想的朋友一个公平的——甚至是慷慨的——回答，但随后又会对自己很苛刻。对此，我准备好了一个后续问题：“为什么你对你的朋友要比对自己温和得多？你对此有什么想法？”我永远不知道我会得到什么回答，但这个问题总能帮助来找我咨询的青少年继续从一个充满好奇的、超然的角度来观察自己，而不是被困在自己的脑海里。

下次当你的孩子似乎陷入聚焦自我的心理流沙时，你可以把这个策略应用到自己家里。举个例子，有一个七年级的学生，当一个所谓的朋友在班级群中分享了她的一张不适宜的照片时，她感到很羞愧。对于照片被分享的孩子来说，这很可能会让她觉得是一种严重的羞辱。同样有可能的是，这时成年人为安慰她而做出的任何保证都会失败。你不妨这样问：“如果这件事发生在你的好朋友莱利身上，你会怎么想？你会为她感到尴尬，还是对做这件事的人感到气愤？”在完全相同的场景中，从第一人称视角转向第三人称视角，可能会帮助孩子们从一个更令人宽慰的角度看待这个情况。

对这个主题，还有另一种有用的变化是，看看青少年是否能暂时远离那些让他们痛苦的东西。研究表明，询问人们，十年后再看今天遭遇的压力会有什么感觉，这样做能立即减少心理上的不适。“我知道现在感觉很糟糕，”你可以对这个七年级学生说，“但是你能想象十年后你刚从大学毕业的样子吗？你认为未来的你会对现在的你的遭遇说些什么呢？”

父母也要管理自己的情绪

和许多高中生一样，我的大女儿高三那一年的秋天是在大学入学申请的重压下度过的。她做得很好，有条不紊地完成了所有必须完成的工作，但我仍然担心她的申请进展。老实说，虽然我并没有对她上大学这件事抱有多么高的期待，但我也发现，自己非常渴望得到女儿所希望的结果，因为我知道这对她来说意义重大。因此，在10月的一个周六下午，我突然想到一个当时感觉很紧迫的问题：她是否在申请中完整地描述了她的一项非常重要的课外活动？当我想到这个问题时，我女儿正在上班，所以我拿起手机发短信给她。奇迹般地，我在发出信息之前停顿了一下。我站在厨房里，手里拿着手机，想象着她收到这样一条短信的情景。我女儿工作的零售店通常很忙，但我知道她会有机会在服务顾客的间歇读我的短信。然后她会怎么做？如果她也认为我说的确实是个问题，但是她并没有办法解决。如果她觉得我的担心是多余的，她可能会觉得应该给我回一条短信解释一下。但是她也知道，她必须专心工作。如果我提出的问题需要花很长时间讨论（比如“我问了我的辅导员，她说需要这样做，但我一直担心……”），那么她现在就会被困在对这个问题的思考中，不能享受工作，而工作通常是她在申请大学的过程中可以喘一口气的地方。

简单来说，一时冲动给我女儿发一条短信，对她没有任何好处。相反，把这个问题扔给她仅仅是暂时缓解了我的焦虑。可以肯定的是，这样做既不公平，也毫无意义。所以，就像上一章开头陷入困境的吉达一样，我“振作起来”，把我的担心憋在心里，直到女儿下班回家。当她回来的时候，我甚至等到她给自己买完零食，然后我才说：“我对你的申请有些想法，现在说合适吗？”她迅速翻了个白眼，但并没有表示反对。我终于提出了引发我担忧的问题。

我的两个女儿都会告诉你，我并不总是像那个星期六一样能很好地控制自己的情绪。但我肯定会尝试，因为作为一名心理学家，我知道有效地管理自己的情绪波动是帮助我的女儿处理她们的情绪波动最有力的方法之一。事实上，“父母的情绪调节如何影响孩子的情绪调节”这一主题已经得到了广泛的研究，并产生了许多重要的发现。

首先，我们的孩子仅仅通过观察我们如何处理具有挑战性的情绪就能学到很多。父母一边给自己倒一大杯酒，一边抱怨工作糟糕透顶，这就是在传播一种关于应对压力的方法。父母说，“今天真难熬——我想呼吸点新鲜空气，谁愿意出去走走？”，则是在传播另一种方法。把那条短信发送给我的女儿会暗示，轻率地发送情绪化的短信是一种可以接受的焦虑管理策略。而搁置这个问题，直到她回家，这表明我能敏锐地区分什么是紧急情况，什么不是。在提出关于大学申请这个令人紧张的话题前先征求她的同意，这表明我在缓解自己担忧的同时，也能考虑到女儿的感受。如果我们想让我们的青少年学会很好地管理自己的情绪，并对自己的情绪可能对他人产生的影响保持谨慎，我们就需要充分利用各种机会，向他们做出榜样。

其次，父母如何处理自己的痛苦会大大影响家中的心理氛围，而这种氛围，毫不意外地，塑造了青少年的情感生活。那些容易反应过激的父母——当他们被激怒时，会有强烈的下意识反应——他们的孩子更有可能变得焦虑。同样，那些表现出很多负面情绪的父母，比如经常感到沮丧或愤怒，他们的孩子更有可能患有抑郁症、焦虑症或出现行为问题。这并不是说父母应该是没有感觉的机器人——这既不可能，也不可取。我想说的是，如果你或你家里的另一个成年人经常觉得很难找到合适的方式来表达情绪或控制情绪不适，那么为了你们和你们的孩子，寻求专业帮助就很重要了。

最后，我们在面对不安的青少年时能保持冷静，对帮助他们重新获得情绪控制有很大帮助。当然，这并不总是那么容易做到的。在我看来，所有青少年的父母难免都会在某些时候对刻薄的行为做出愤怒的反应，在情绪崩溃时明显地变得焦虑，或者在他们的孩子陷入痛苦的失望时明显地变得悲伤。对于青少年制造的各种状况，我们没必要保持绝对的冷静。生气有时甚至是有帮助的——如果孩子说，他在回家的路上因为在学校路段超速行驶被开了罚单，那么，他完全应该从我们的语气和我们脸上的表情中感受到，我们对他糟糕的判断力有多不满意。当青少年需要调整心理状态时，我们应该尽最大努力使自己成为他们可以依靠的安全基地。如何做到这一点呢？首先要接受这个事实：情绪波动是青春期的一个核心特征。然后根据本章，以及前一章提供的例子，努力帮助青少年有效地调节自己的情绪。

这对青少年心理健康有多重要？非常重要。研究表明，关注孩子的情绪变化，并提供支持性回应，这样做不仅能够提供即时的心理安慰，也可以保护青少年免受更严重的心理问题的影响。

关注我们如何对青少年的强烈情绪做出反应，这个任务似乎还不够有挑战性，许多父母发现孩子还会激起他们自己在青少年时期的很多情绪。有时，抚养青少年可能会出乎意料地戳到旧的心理创伤。我想起了我的一个朋友，她在青少年时期一直与超重做斗争，她的父母总是让她为自己的身材感到羞耻。当她十几岁的女儿开始通过大口吃甜食来控制不舒服的情绪时，我的朋友觉得好像被推进了一个满是镜子的大厅，映照出自己痛苦的心情。虽然我的朋友对女儿情绪化进食的经历深表同情，但她甚至无法触及这个话题，因为她看到历史重演，感到非常不安，担心这是自己的错。更糟糕的是，昔日青春期的自己让她感到一种新的、刺痛的悲伤。现在，作为母亲，她知道自己永远不会像父母对待她那样对待自己的孩子。我的朋友在突然之间意识到，自己父母的行为曾是多么的不友善，这让她感到痛苦。

值得庆幸的是，她能够与一位优秀的治疗师合作，帮助她解决多层次的挑战。我的朋友从治疗师那里得到了专业的指导，学习如何处理女儿情绪化的饮食习惯，同时，她通过治疗，也处理了自己新的认知——自己曾在青春期受到严厉的对待。“那是一段非常艰难的时期，”我的朋友一边回忆往事一边向我解释，“但我可以诚实地说，能够帮助我的女儿，这本身对我来说就是一种治疗。我很自豪，我意识到父母的错误，并把这个认知转化为一个机会，在我女儿成长中我能做得更好。”

如果你孩子的“当下”与你的“当年”产生交集并让你觉得困扰，不要犹豫，向朋友、伴侣或专业咨询师寻求支持。毫无疑问，抚养青少年是一种情感锻炼，会影响到我们的内心深处。但就像任何锻炼一样，我们可以从中获得力量。

识别有害的情绪控制

有时，青少年会陷入不健康的控制情绪的方式——这类策略可以立即缓解心理压力，但代价却很可怕。当然，排在首位的是依靠物质来钝化不想要的感受，但这种方法对身体健康和正常发育非常不利。

还有其他一些看起来不那么危险的方法能让青少年控

制情绪，但仍然要付出不可接受的高昂代价。一个常见的例子是过度依赖玩电子游戏，无意识上网刷屏，或者沉迷于看电影或电视来抑制情感的痛苦。健康的、有助于恢复平衡的分散注意力和过度的分散注意力之间，两者的界限在哪里？只要能帮助青少年完成他们需要做的事，那么分散注意力就是健康的——比如短暂地看看视频网站有助于一个男孩完成他的家庭作业。但如果妨碍了青少年的学业、睡眠、家务或任何其他需要做的事情时，那就是问题了。

我们还应该关注青少年是否使用强迫行为来控制不想要的情绪，这种现象通常被诊断为强迫症。青少年的焦虑可能会因为一种侵入性的想法（痴迷）而加剧，比如担心她的手沾满了细菌，从而引发一种强烈的冲动（强迫），选择一种暂时降低焦虑的行为，比如大力洗手。强迫症很快就会成为一个问题，因为它们虽然有效——提供了即时但短暂的情绪缓解——但风险在于，它们有时会发展成为一种很难改变的、令人衰弱的管理不适情绪的方法。

强迫行为通常与特定的焦虑有关（例如，对污染的恐惧导致强迫性洗手），但我们也应该注意那些更普遍被用来抑制痛苦的强迫行为。这些行为可能包括情绪性饮食——习惯性地把食物作为安慰物——或强迫性节食，以及强迫性锻炼。

也有一些青少年通过主动地、持续地压抑情绪来控制自己的情绪。一旦情感开始冒泡，他们就会用精神力量把它们压下去。这就导致他们总会与其他人保持一定的距离，因为，正如我们能预料的，主动压抑情绪会阻碍他们建立和维持有意义的人际关系。压抑情感也会在其他方面造成伤害。它会干扰与被压抑感觉相关的细节经历的记忆能力，消耗精神能量，并随着时间的推移，导致心血管疾病，损耗身体，甚至缩短寿命。

然而，值得注意的是，有些青少年在家里谨言慎行，但会在家庭之外与朋友或信任的成年人自由分享。从父母的角度来看，这并不是理想状态。我们爱我们的青少年，希望与他们保持联系，并希望至少了解他们的一些想法和感受。为什么我们这本书是以父母和青少年之间的关系为核心的？因为通常没有人比父母更感兴趣或更有资格鼓励青少年健康的情感表达。然而，从青少年的角度来看，与关心他们的同龄人或父母以外的成年人分享重要的感受是可行的。我在工作中遇到过一些青少年，他们出于各种各样的原因，对父母沉默不语，但在其他地方却很愿意敞开心扉，因此他们也能够很好地控制自己的情绪。如果你的孩子在你面前不善表达，但在别人面前却表达流畅，那么你也许需要找出让你们关系疏远的原因，但你可能不必担心你的孩子压抑了所有的情绪。

然而，当青少年主动切断自己所有的感情和关系，或者依赖物质，或者他们分散注意力的方式超出了正常范畴，或者通过强迫行为，以及任何其他有害的措施来控制自己的情绪时，成年人应该寻求心理健康专家的指导。最重要的是，我们要确保我们的青少年能够自觉地以健康的方式表达情绪，并在必要时控制情绪。

结　语

最后，我们应该如何看待青少年的情感呢？考虑到青少年的情感是多么强烈、困难甚至令人担忧，我们很容易把青少年的情感想象成火山爆发——火花四射，火焰熊熊燃烧，有时候似乎要把整个房子都烧毁，因此最好是完全阻止，或者至少迅速扑灭。但是，如果我们把青少年的感情想象成河流而不是火焰呢？河水在青春期突然变得汹涌澎湃。当情绪高涨时，我们成年人可能需要帮助青少年为他们的感受找到健康的出口，支持他们表达内心的感受。在有些情况下，我们可能要伸出援手，帮助青少年防止情绪泛滥，努力确保上升的情绪之水不要淹没河堤，重新获得一种控制感。不过，在大多数情况下，我们可以让他们的情感之河流淌，欣赏它带来的丰富性以及感谢它为成长提供的滋养。

虽然强电流会有危险，但它也可以是一个巨大的电力来源。如果青少年的情绪受到欢迎，能够好好利用，就能提供我们所需要的能量，让他们成长为我们期待的那种能与人联结、有能力、有同理心的人。

与人联结很重要吗？是的。健康、令人满意的关系需要情感意识。青少年建立和保持联结的能力，取决于他们调节自己的感受并与他人分享这些感受的能力。情感也加强了成年人和青少年之间的联系。当青少年给我们带来他们的恐惧、失望和挫折时，我们以好奇和同情来回应，我们加强了与他们的联结，并为我们希望他们拥有的亲密关系做出了榜样。

有能力管理自己的情感很重要吗？答案仍然是“是的”。善于管理自己情感的青少年即使在情绪旋涡中也能稳扎稳打。他们不会因为强烈的或不想要的情绪而脱离轨道，而是可以把它们当作重要的信息和动力来源。我们的青少年最强烈的情感，只要不畏惧，就可以激发出他们最有利于成长的行动。愤怒可能会激励他们为正确的事情挺身而出，焦虑可能会刺激必要的航向调整，还有内疚或后悔——一旦被接受并做出反思——可能会阻止他们犯同样的错误。

有同理心呢？绝对重要。对自己的内心世界保持觉察并感到自在的青少年，也是对他人的情感体验最感兴趣和最关心的人。更重要的是，能够面对并承受最具挑战性的情绪，使我们的青少年有可能将他们与生俱来的理想主义付诸实践，向那些受苦或需要帮助的人伸出援手。

让我们拥抱青少年丰富的情感生活，并帮助他们也这样做。通过这样做，我们让他们为走向世界整装待发，准备好茁壮成长，准备好蓬勃发展，准备好关心自己、关心他人。

扫码查阅
作者推荐阅读书目

致谢

对于每天支持我的人——我的丈夫、我的女儿、我的父母、我亲爱的朋友们，我的感激之情无以言表。关于这本书，首先要感谢我的杰出经纪人盖尔·罗斯，是她温柔地敦促我把最近的想法整理成这本书。如果没有她从头到尾的鼓励，就不会有这本书。

能再次与我杰出的编辑、巴兰坦图书公司的苏珊娜·波特以及企鹅兰登书屋的整个杰出团队合作，真是莫大的荣幸。除了受益于苏珊娜明智的编辑指导，这份书稿也得到了一个来自世界各地的早期读者团的反馈，并据此做出改善。这些我最初的读者包括托里·科迪诺、安·科尔赞、丽莎·荷芬南、卡戴斯·梅登、安妮·墨菲·保罗、达维达·派因斯、卡丝·普舍尔、玛瑞斯拉·圣地亚哥、乔纳森·西格尔、艾米·韦瑟和查理·余。还有阿曼达·布洛克的研究协助，没有她，我不可能有这么多深入的思考。

我要感谢我临床工作中的同事贝斯·阿莫斯、海琼恩·李、珍妮特·坎普和劳拉·沃依斯，他们帮助我厘清这本书中呈现的想法。更广泛地说，我想对本书涉及的心理学及其相关领域的研究人员表示感谢和钦佩。我想要感谢每一个为我的论点和实践指导做出贡献的学者，若有任何遗漏或错误，责任都在我。在写这本书的时候，我得到了海蒂·卡拉维、安·克鲁兹、卡拉·纳特森、莉娜·尼南、玛丽·劳拉·菲尔波特、丹尼斯·克拉克·波普、珍妮·华莱士和罗伯塔·泽夫的友谊与精神支持。

我要向那些与我分享个人生活和痛苦感受的青少年和父母们表示最深切的感谢。做一名青少年——或者抚养一名青少年——是不容易的，近年来尤其如此。我始终对青少年在顺境和逆境中表现出来的真挚、诚实、创造力、正义感和创新能力感到敬畏。最重要的是，我希望这本书不仅为他们提供帮助，也能对他们做出公正评价。

作者简介

丽莎·达穆尔博士是《纽约时报》畅销书《解开纠结》（*Untangled*）和《女孩的压力世代》（*Under Pressure*）的作者。她毕业于耶鲁大学，并在密歇根大学获得临床心理学博士学位。达穆尔博士是播客《问丽莎》的共同主持人，她拥有私人心理治疗诊所，并且是凯斯西储大学舒伯特儿童研究中心的高级顾问。她与丈夫和两个女儿住在俄亥俄州的谢克海茨。

译后记
这项伟大的工作，就从此刻开始

“如果你觉得养育青少年压力很大，那么你的感受与一项研究的结果是一致的。该研究表明，养育青少年比照顾5岁以下的孩子对父母在情感上的要求更高。”

我把这段书摘分享到朋友圈，立刻收到强烈的反响。

小宝宝的父母表示无法接受——原以为熬过“讨厌的两岁”就能长出一口气了。

再大一点的孩子的家长十分震惊——难道还有比“陪作业”更挑战的事？

还有另一波家长，他们的孩子即将，或者已经迈入青春期。他们的心态总是摇摆不定：要么非常困惑——孩子怎么变成这样了？要么决定“躺平”——不管了，可能青春期的孩子就是这样吧……

我就是这波家长中的一员。而我总是很幸运地，在最需要的时候遇到一本好书。

接手《青春期情绪密码》这本书的翻译的时候，我女儿刚好 14 岁。大环境，是课业压力越来越重，而就个人而言，“传说中的”青春期的各种难题接踵而至，无论对她，还是对我们做父母的，以及我们的关系，都是极大的考验。

比如，翻翻女儿与我的微信聊天记录，10 条里总有那么一两条开头是“我崩溃了！”。就在昨天早上，她一边穿鞋一边说:“妈妈，我要退学。”

再比如，她的口头禅变成“我不！”，以此来面对一切。有一天她自己好像有什么新发现似的跟我说:“妈妈，我感觉‘不’这个字现在就在嘴边，我都没听清楚你说什么就自动回答‘不’了。”

如果说“叛逆”比较符合我对青春期的想象，并多少有些心理准备的话，那么她过山车一般的情绪波动，总让我有些不知所措。往往是前一秒开心，走路都蹦蹦跳跳，后一秒就在朋友圈设定状态“我 emo”了。

同龄关系也变得婉转微妙，社交媒体的介入，更增加了问题的复杂性。当她对着手机屏幕出神或皱眉的时候，我到底是该探问？该担忧？还是该“随她去吧”？

对这一切，本书作者，丽莎 · 达穆尔博士有清晰的阐释。

开头那段书摘的后一半是——“年轻人笨拙的大脑让他们很容易崩溃，他们想要建立自己品牌的动力让他们对我们的一切，包括呼吸的方式都感到厌烦，他们想要改造我们，或想变得更加独立，所以他们指责我们的缺点，无视我们的规则。这些都会让父母感觉筋疲力尽。但这还只是一半。除此之外，父母还经常担心他们爱冒风险。”

我知道，这段文字未必能解答你的疑惑，甚至可能带来更多疑问：

为什么是“笨拙的大脑”？

什么叫“建立自己品牌”？

父母该坚持规则，还是支持独立？

我们与青春期孩子的冲突真的无法避免吗？

如何最大程度地减少青春期的种种风险？

……

你翻开的这本书会慢慢带你找到答案。

首先，“情绪”是这本书的核心词。

相信很多人和我一样，对青春期的印象（或者说“预期”）是叛逆。而未曾预料，甚至有可能毫无准备的，是她 / 他强烈的情绪风暴——要么因为一点小事就生气或难过，要么就“毫无道理”地陷入沉默和沮丧。

“强烈的情绪是青春期孩子的特点。”注意，达穆尔博士特意强调——“是特点，而不是缺点”。

本书用了一个完整的章节来解释并扭转人们对情绪的普遍误解。看来，无论东方还是西方，社会文化背景或有差异，但是，欢迎正情绪，抵触并试图消除负情绪，是人们普遍的心态。对情绪建立正确的认知，不仅有利于我们更好地支持青春期的孩子，而且也是我们成人的一次机会，可以更好地矫正与自己相处的方式。

随后，这本书带你探索青春期情绪特点的根源——大脑的变化。青春期孩子的大脑中正在进行一项浩大的“重建+改造”工程。当我们想象自己置身于一个庞大嘈杂的工地，看着新建的楼房虽高大雄伟却还没来得及布线，环顾四周堆满了待清理的垃圾和零碎的部件，是不是就容易理解青少年的焦躁、笨拙和情绪化呢？

随着对情绪探讨的逐渐深入，你需要了解性别与情绪的关系。注意，这个部分绝不仅仅是“男孩更……女孩更……”的简单总结。达穆尔博士将关注的焦点集中在社会文化对性别规则的细微又深刻的影响上。青春期本就是个逐渐走向社会，并非常在意同龄伙伴关系的时期，孩子们会为了得到接纳而努力迎合各种明显或隐藏的性别规则，从而倍感压力，甚至丧失许多珍贵的东西，比如同理心和情绪表达能力。

那么怎么办?

达穆尔博士有30多年的心理咨询临床经验。对如何为青少年提供情感支持，帮助他们管理情绪，有大量的实践经验。

如何真正做到“倾听”青少年的心声?

如何提建议青少年更愿意接受?

如何管理青少年的网络生活?

如何修复与青少年的关系?

如何帮助青少年以新的视角看待问题?

如何判断青少年是否需要专业帮助?

……

是不是每一个问题都能触动你的神经?本书的后半部分可以说就是一本拿起来就能用的操作手册，能为你（以及你的孩子）当下或者未来的难题提供关键帮助。

达穆尔博士在本书前言中写道:“青少年的成长本就不易，而在这个混乱的年代，身为青少年，或者养育一个青少年的工作变得加倍困难。不过危机往往带来机遇。事实上，我认为，要想认真考虑如何支持青少年和他们的情感生活，此刻就是最合适的时机。”

作为一个青春期女孩的妈妈，虽然难免有焦灼无措的时刻，但我仍然认为，能在女儿人生这个独特的关键阶段为她提供陪伴和支持，对我来说是一件幸事。

“我们让他们为走向世界整装待发，准备好成长，准备好蓬勃发展，准备好关心自己，关心他人。”

不要再浪费时间了，这项伟大的工作，就从此刻开始。

钟　煜

2024 年 1 月于北京

图书在版编目（CIP）数据

青春期情绪密码 /（美）丽莎·达穆尔著；钟煜译. --长沙：湖南教育出版社，2024.5（2024.12 重印）

书名原文：The emotional lives of teenagers

ISBN 978-7-5754-0097-8

Ⅰ. ①青… Ⅱ. ①丽… ②钟… Ⅲ. ①青春期—心理健康—健康教育 Ⅳ. ① G444

中国国家版本馆 CIP 数据核字（2024）第 059025 号

QINGCHUNQI QINGXU MIMA

书　名	青春期情绪密码
作　者	［美］丽莎·达穆尔（Lisa Damour）
策划编辑	刘红霞
责任编辑	张件元
特约编辑	王小柠
装帧设计	page 11
出版发行	湖南教育出版社（长沙市韶山北路 443 号）
网　址	www. jiaxiaoclass. com
微信号	家校共育网
客　服	0731-85486979
经　销	新华书店
印刷装订	河北鹏润印刷有限公司
开　本	889 mm × 1194 mm　32 开
印　张	8.75
字　数	147 000
版　次	2024 年 5 月第 1 版
印　次	2024 年 12 月第 2 次印刷
书　号	ISBN 978-7-5754-0097-8
定　价	59.80 元

如有质量问题，影响阅读，请与湖南教育出版社联系调换。